ちくま学芸文庫

時間と死

不在と無のあいだで

中島義道

筑摩書房

【目次】時間と死

凡例

一、引用文における強調（傍点）はすべて原著者のものである。

二、引用文における（　）内は原著者のもの、〔　〕内は訳者による補足である。

三、引用文において、適宜、表記および表現を変えたところがある。

四、カントとヘーゲルの著作からの引用は拙訳であり、Philosophische Bibliothek 版を使用した。

時間と死

はじめに

一九八三年にウィーン大学に『カントの時間構成の理論』というタイトルのドクター論文を提出し、翌年帰国すると、ちょうど大森荘蔵先生が、過去は〈いま〉立ち現われるというこれまでの「立ち現われ一元論」から、過去は〈いま〉制作するという新たな「過去の制作論」へと転回していた時期であった。そして、私のドクター論文（いわば過去の構成論）をご自分の過去論と重なり合うものとして評価してくれた。それ以来、私は、過去とはそれ自体としてはないこと、まして未来はいかなる意味でもないことを、『「時間」を哲学する――過去はどこへ行ったのか』（講談社現代新書、一九九六年）や『時間論』（ちくま学芸文庫、二〇〇二年）や『生きした過去――大森荘蔵の時間論、その批判的解読』（河出書房新社、二〇一四年）

などにおいて、語り続けてきた。そして、今年〔二〇一六年〕のはじめに上梓した『不在の哲学』（ちくま学芸文庫）において、〈いま〉しかないこと、過去や未来を「ある」とするのは、カントの言葉を借りると「仮象」であること、しかしまさにカントが示したように、きわめて自然な仮象であることをひとまず描き切った感じがした。

私の問いは、〈いま〉しかないのに、すなわち過去も未来もないのに、あたかもあるかのような感じがするのはなぜか、という問いに変質していった。その不思議さの中核に「言葉」があることは確かである。われわれが言葉を学ぶと、過去も未来もあるかのような仮象、すなわちそれぞれの〈いま〉を超えて時間・空間的に広がっているという「客観的世界」があるかのような仮象に自然に導かれてしまうのだ。

本書のテーマは、われわれの世界に対する実感の奥底に根を張るこうした強靭な仮象と、「私」の死とを結びつけることである。そもそも時間に哲学的な関心を寄せるよりずっと前に、七歳のころから「私（ぼく）が死ぬとしたら人生には何の意味もない」という叫び声が私の体内に響いていた。私はこの叫び声とともに、その後六十余年を送ってきたと言っていいであろう。いかなる人生の大問題もこの問いの前では吹き飛んでしまい、実際その後の長い人生においてこれ以上の重要な問題を見出すことはなかった。死ぬのが怖いという感じではない。いかに一生懸命に生きても死んでしまいその後が永遠の「無」であるとしたら、私の人生には何の意味もない、私が生まれてきたことにも、いや世界そのものにも何の意味もないという実感であり、この実感は「そんなはずはない」というもう一つの呟きに裏打ちされていた。そんな理不尽なことがあるはずはないのであり、あってはならないのである。

そして、時間を研究するうちに、次第に「そんなはずはない」という呟きが「正しい」ことがわかってきた。すなわち、もしかしたら客観的時間も客観的世界もないのかもしれないのだ。「私」の死に一条の光が差し込んできた。こうして、私は客観的世界を破壊する作業に取り掛かり、ほぼ完璧に破壊できるという予感をもって、その作業を続けている最中である。客観的世界が丸ごと仮象であるとしたら、少なくとも私が死ぬことは、私が客観的世界のうちで死ぬこと、客観的世界から消滅することではないことになる。その場合、私の死にいかなる意味を付与することができようか？　いかなる意味も付与することはできないのである。

こうして、私は「そんなはずがない」という呟きに導かれて、いわば「私」の死の裏側からその残酷な意味を剝奪するところまでに至った。それが本書の成果である。しかし、作業はまだ続く。残された時間、私は相手の正体を見抜けないままに死に呑み込まれて敗退するのであろうか、それとも私の死を完全に殺すこと、克服することができるのであろうか？　それはわからないが、どうなるか楽しみなことでもある。

第一章　時間と「時間」という概念

現在・過去・未来は時間の必然的な存在性格であるのか？

基本的問いかけから始めよう。はたして、現在・過去・未来は時間が有する基本的な属性なのであろうか、時間はいつでも現在・過去・未来という三つの存在性格を有するのであろうか、これらを欠いた時間はありえないのであろうか、と。

時間には、必然的に、現在・過去・未来という存在性格が属するとみなすのは、すでに時間を未来永劫続くものと前提しているからではないのか？　そして、その根拠はどこにあるのかと問うとき、じつのところどこにもないことに気づく。すなわち、時間は「これまで」は現在・過去・未来という属性を必然的に有していたが、

「これから」は違うかもしれないのだ。というのは、この現在（今日）をもって世界は終焉し、永遠に次の未来（明日）は実現しないかもしれないのであるから。

これを荒唐無稽の想定と考える人は、では未来が実現するということは何に基づくのか、自問してもらいたい。すると、それは単に「これまでずっと未来は実現してきた」という過去経験に依存しているにすぎないことがわかるであろう。そして、これをそのまま次の未来に延ばすとき、その権利はどこにもないことがわかるであろう。「これまで」の経験を「これから」に延ばすことを、ヒュームに倣って「自然の斉一性（Uniformity of Nature）」と呼ぶなら、これは物理学をはじめとするいかなる科学理論にも基づかない。なぜなら、あらゆる科学理論は「自然の斉一性」を前提して成立しているのであって（第三章で詳論する）、それ以上いかなる理論的根拠もないからである。

また、未来とは時間であって単なる概念ではないのだから、それが突如消滅しても、そこに論理的矛盾がないことは明らかである。ここで、あらためて問うてみよう。「いかなる時間も未来を有する」という判断は、（カントに倣って言えば）分析判断であろうか、それとも総合判断であろうか？

まずこの判断においては、「時間」という主語の中にすでに「未来を有する」という述語が含まれているのだから、分析判断だと思われるかもしれない。だが、この結論が導かれるのは、主語の「時間」概念において「これまでの時間（すなわち世界）」と「これからの時間（すなわち世界）」とのあいだに「斉一性」が保たれているとみなされる限りである、しかし、それは時間概念であり、われわれが探究しているのは時間それ自体である。とすると、「いかなる時間も未来を有する」は、総合判断すなわち概念の「そと」に出る判断だということになる。だが、その「そと」とは概念としての「未来」ではなく、未来という時に起こる事象そのものでしかない。そして、根源的了解として、それは〈いま〉「ない」のであるから、総合判断における真偽の判定基準にはならない。こうして、「いかなる時間も未来を有する」という命題は、じつは（厳密には）いかなる判断でもないのである。

空虚な時間

カントは『純粋理性批判』の「第一アンチノミー」において、世界が開始される前の「空虚な時間（leere Zeit）」を否定している。現代風にアレンジすれば、われわれは世界が一三八億年前のビッグバンによって生じたということを認めながら、かつ「ビッグバンの一時間前、一年前……」と言いたくなる。しかし、カントによれば、これは錯覚であって、ただ「いかなる時間もその前（過去）がある」という文法を「時間」という概念にあらかじめ組み込んだうえで、そこから「その前」という時間を引き出しているにすぎない。世界開始以前の時間は、たとえそれを「時間」と呼んでも、じつのところいかなる内容も含まない単なる「時間」という概念なのであって、実在的時間ではない。言いかえれば、時間とは、なるほど内容と対立する意味での形式（直観の形式ないし感性の形式）ではあるが、その形式は実在世界を可能にする（測定する）という仕方で実在世界に関係するものでなければならない。

カントの指摘は鋭い。われわれは、時間を探究しようとして、おうおうにして時間という概念を分析してしまう。そして、（固有名以外の）概念は普遍的であるから、時間概念を分析するとき、「現在」を現在一般の意味に、「過去」を過去一般の意味に、「未来」を未来一般の意味と同視してしまい、「それぞれかけがえのない時である」という時間に固有の性格が隠されてしまう。「時間」という概念があらかじめ探究の方向を決定してしまい、「時間は現在・過去・未来という三つの存在性格をもつ」ことを一般的に導入してしまう。こうして、実現されたことと実現されていないこととのあいだには、大いなるギャップが横たわっているのに、それを覆い隠し、「これまで」はそうであったが「これから」はそうでないかもしれない、という可能性をあらかじめ遮断してしまう。

「これまで」は、未来であった事象はことごとく実現され、その意味で現在となった。t_1、t_2、t_3……という時間順序を前提すると、その後の時間t_2で実現される事象を、t_1における未来と呼ぶのであるから、この現在と未来との関係は、定義的に成立し、あえて言えば、普遍的・必然的に成立するという意味でア・プリオリである。

しかし、以上の手続きからわかるとおり、t_2において実現されることをもって、遡って、t_1から見たt_2における事象Eを「未来の事象」と呼ぶのであるから、「これから」はそうでないかもしれない可能性はいつでも成立している。〈いま〉未来として意味づけている事象は、永遠に実現しないかもしれない。なぜなら、そもそも〈いま〉を限りに世界は終焉し、次に起こる事象がまったく「ない」かもしれないのであるから。「これまで」世界は終焉しなかった。よって、次に起こる事象がまったく「ない」ことはなかった。しかし、「これまで」がたとえ一三八億年の長きにわたっていようと、この事実は単なる事実であって、次の瞬間に世界が終焉する可能性は否定できない。

われわれがこの可能性を採用しないのは、次の瞬間に終焉しないという直観に基づいているというより、むしろわれわれは時間について論じはじめるや否や、知らず知らずのうちに、未来は、ただの「未来」という概念に、未来に生起するはずの事象は、ただの「未来に起こるはずの事象」という概念に変じてしまうからなのだ。

たしかに、われわれは「未来」という言葉を互いによく理解していてほとんど誤ることがない。しかし、これはわれわれが「未来」という言葉を時間そのものの存在性格として誤りなく理解していることを意味せず、概念として誤りなく使用していることを意味するにすぎない。

こうして、カントは「空虚な時間」を世界開始前の時間という場面で論じているが、世界の終焉後に関しても同じ議論ができることがわかる。われわれは、世界の終焉を認めたうえで、「その一時間後、一年後」と言える。とすれば、さらに「空虚な時間」は任意の（次の）未来に関しても成立する。たとえ、明日世界が終焉したとしても、〈いま〉「明日のこと」について語ることは有意味であるように思われてしまう。これらの錯覚の根にあるのは、概念と実在との混同である。

マクタガート

時間を論ずるとは、「時間」という概念を論ずることにほかならない、という論者の代表例としてマクタガートを挙げることができる。彼は、未来・現在・過去という時間様相をA系列と呼び、t_1→t_2→t_3……という時間順序をB系列と呼ぶ。時間には両系列が必要であるが、それらを重ね合わせると矛盾が生ずる。ある出来事E_1はt_1においては未来であり、t_2においては現在であり、t_3においては過去であるが、未来と現在と過去は、ともには成立しえないから、E_1が未来と現在と過去という時間様式をもつことは矛盾である。よって、そのうちに矛盾を含む時間は実在しない。

以上が、マクタガートの時間非実在論の骨子であるが、これにはいくつかの疑問を提示することができる。とりわけ、最大の疑問点は、マクタガートが、自己同一的・物理学的物体を基準に「実在」という概念を限定し、よって時間は実在しない、と主張していることである。時間は時間特有の仕方で存在しているのであり、物体のように実在しないことは誰でも知っている。そもそも、マクタガートが未来・現在・過去を「未来」「現在」「過去」というラベルの付いた先後関係にある三つの物体のようにみなしている点に、議論のはじめから違和感をもたざるをえない。こうした仕方で実在性を限定する限り、時間のみならず、時間において変化しうる現象はすべて非実在的になってしまうであろう。言いかえれば、マクタガートは時間をはじめから時間概念と同視しているのだ。矛盾を含む概念は実在しないゆえに、その概念のうちに矛盾を含む時間は実在しないのである。

こうした論理を進めていく過程において、じつはマクタガートが一つの選択肢を放棄していることに気づく。それは、その概念が矛盾を含まない自己同一的な物理学的物体が「実在しない」という選択である。しかし、論理的にはこの選択は可能なのであり、本書はこうした方向を進むであろう。すなわち、時間はその特有の仕方で実在するが、自己同一的物体はただの「意味」ないし、意味構成体であって、「犬」という普遍的意味が実在しないように、それ自体としては実在しない。

ここには、自己同一的な物理学的物体を実在として認めるか、それとも時間(あるいはそれぞれの現在)を実在として認めるかという二者択一の局面が開かれているのであるが、マクタガートは当然のごとく前者を選択して後者の可能性を切り捨てているのだ。それは、彼が時間の流れを通じて保存されるような物理量を守ろうとしているためであるように思われる。しかし、後に検討するが、自己同一的物体の実在性を否定し、それぞれの現在のみが実在するとしても物理学はまったく影響を受けない。

なおA系列から未来を取り除いても、マクタガートの議論は変わらないゆえに、以下ではA系列を両立不可能な現在と過去とからなる系列とみなすことにする。世界は、それぞれの〈いま〉（以下、時間様相を表わす時を「現在」とし、これに対して、常に新たなものが湧き出す時を〈いま〉と表記して区別する）と膨大な過去とから成り立っている。この両者はまったく異なったあり方をする。マクタガートは現在と過去とが両立不可能であると主張するが、じつは「現在という概念」と「過去という概念」との矛盾を指摘しているだけであり、議論のはじめから「常に新たなものが湧き出す時」というそのつどの独特のあり方を跳び越してしまっているのだ。ここには、マクタガートの見なかった根源的な問題が控えているが、マクタガートの時間論に関して総合的に思索を進めている入不二基義はこれに気がついている。

まさに現実化している〈今〉（〈今〉の現実性）こそが、第三の〈今〉である。これは、トークンによる「同時性」の分析をすり抜けてしまうもので、「動く」ものでも「固定」されたものでもなく、しかし、「まさにこの現実世界がある」ということに最も近い何かである。この第三の〈今〉は、通常のイメージの「時間」からは、むしろ最も遠い「非時間的なもの」かもしれない。しかし、この第三の〈今〉なくしては、時間は、「まさにこの現実世界がある」ことと接点を持ち得ないだろう。その意味では、この非時間的な時間（第三の〈今〉）こそが、この現実世界の時間の要である。(1)

入不二の言う「第三の〈今〉」こそが、じつは「第一の〈今〉」であり、常に新たなものが湧き出す本来的な〈いま〉なのだ。（客観的）時間とは、この〈いま〉を「もうない〈いま〉」すなわち「過去としての〈いま〉」と等質化し、その固有性を消去することによって成立するのだとすれば、時間の「うち」に位置づけられる前の〈いま〉はまさに「非時間的なもの」なのである。

時間の実在と対象の実在

こうして、おうおうにしてわれわれは「時間」という概念に非（無）時間的性格（現在と過去と未来は、さまざまな仕方で「ある」という性格）を叩き込んでおいてから、それらの性格を引き出し、それで時間を論じたつもりになっている。しかし、その場合、じつは「時間」という概念を論じているだけなのである。ここには、時間に関して、カントによる「神の存在証明」批判と同じ構造がある。すなわち、神の存在証明に成功したと思い込んでいる人々は、ただ「神」という概念に勝手にさまざまな性格を投げ込んでおいて、あたかもそれらが神の性格であるかのようにみなし、次にそれらの性格を神から導いたかのように論証するだけなのだ。その典型が「神とは現存在しないことが不可能であるもの」という性格であり、この性格を「神」という概念に叩き込んだ瞬間に、神は現存在することになってしまう。しかし、このすべては概念の「そと」を要求する神の現存在には指一本触れず、ただ「神」という概念のうちで思考しているだけである。

こうした詭弁は、神の存在証明の場合だと容易に見抜けるのに、時間の場合は見抜くのが難しくなる。その理由を問えば、神の場合はもともとその概念自体が時間を捨象して「ある」という了解があるが、時間の場合は、その概念といえども「もうない」と「〈いま〉ある」と「まだない」という異なった存在性格をもつはずだからである。〈いま〉あるのみならず、「過去の事象」という概念が「もうない」ものを指示する場合、「ない」ものを指示するとはいかなることか？　「未来の事象」という概念が「まだない」ものを指示する場合、「ない」ものを指示するとはいかなることか？

しかし、フレーゲの指示の理論において、こうした問いは成り立たない。なぜなら、指示するとは概念が客観的対象を指示することであり、さらに客観的対象とは数学的対象と物理学的対象に限られるのだから、数学や物理学が現在・過去・未来という時間の存在性格の差異を無視して成立しているように、指示の理論はこれらの差異を無視して成立しているからである。たしかに、架空という意味で「実在しない」ものも指示できるという見解もありえるが、それは、ただ指示対象を非実在的なものに拡大するだけである。しかし、時間における対象の場合は独特であって、ある一つの物Gが未来において「まだない」のであり、現在において「ある」のであり、かつ過去において「もうない」のである。このあり方がGに固有のあり方である限り、Gを指示する概念B（G）は「あり・かつ・ない」ものを指示しなければならないことになる。

こうして、指示の理論は、自覚しないままに物理学的実在概念に基づいており、直線時間において$t_1 \rightarrow t_2$という時間間隔において持続するものを、「ある」とみなし、指示しうるとみなしている。明らかに「もういない」ソクラテスを二一世紀の〈いま〉指示することがどうして可能なのか？ 指示とは、すでに「指し示す（be-deuten）」という意味を失って、ただ「（客観的に）ある」あるいは「実在する」という意味にほかならなくなっている。すなわち、紀元前三九九年に処刑されたソクラテスは「もういない」のではなく、直線時間上に「いまいる」のである。

フッサールの超越論的現象学の場合も同様である。フッサールは現象学を開始するにあたって、自然的態度を括弧に入れたとき、物理的対象の現存在を括弧に入れたと同時に、その現在・過去・未来という時間の存在性格をも括弧に入れてしまったのだ。現象学的態度においてわれわれが出会う「対象」とは、すでに現在・過去・未来を通じて自己同一性を保つノエマ（意味）であって、その「背後に」、やはり現在・過去・未来を通じて自己同一性を保って「実在するもの」が対応すると想定している。こういう構図の下に、客観的時間を構成しようとして、フッサールはその独特の限界に気づいたように思われる（第三章で立ち入って考察する）。

以上の考察によって見えてきたのは、あるものGが実在的であると言うとき、Gが自己同一的であることがすでに含意されていて、現在・過去・未来という時間様相は、「まだない・ある・もうない」という「ない」を含むゆえに、Gの自己同一性を崩壊させるということである。数学的対象の自己同一性は時間における自己同一性ではないゆえに保持されるが、物体における自己同一性は時間における自己同一性であるから、保持されない、よって、物体が時間において自己同一的である限り、時間および時間における現象は実在しないというわけである。こうした論法に沿って、マクタガートは時間を非実在的とみなし、現在・過去・未来という述語を非実在的述語とみなした。マクタガートは、時間の実在性を犠牲にしたうえで、Gの実在性（自己同一性）、すなわち世界の実在性（自己同一性）を保持したのである。

マクタガートの結論は不自然に見えるが、時間を研究しようとして時間概念のみを研究すれば、こうなることは必至である。なぜなら、「まだない・ある・もうない」というそれ自身内部に矛盾を含むような概念が、それを充足する一つの実在的な物を指示することはできないはずだからである。そのような概念は内部に矛盾を含むゆえに、何ものも指示せず、概念の対象（時間）は実在しないのだ。こうして、マクタガートは徹底的に概念のレベルにおける矛盾を基準にして時間の非実在を宣言したのであるが、ここで再確認しておくと、時間が実在するとしても物理学が漠然と前提している直線的時間は実在しないという選択もありえるということがある。おのおのの〈いま〉のみを「ある」とし、時間はその「なさ」を含めて客観的に成立しうるのであり、こうした「存在論」は物理学の法則にいささかも抵触しないのである（第二章で立ち入って考察する）。

ここで付言すれば、時間とは原初的に客観的時間なのであって、ただ個々の変化を知覚していることは時間を把握していることではない。ある有機体が一定の現象の先後を区別できるからといって、直ちにそこに時間意識が芽生えているわけではない。動物が「鈴を鳴らしてから餌をやる」という習慣づけを経て、特定の先後関係に従って行動できたとしても、母親が「いない、いない」と言いながら両手で顔を隠し、そのあとに両手を開けて「ばあ」と顔を出したところ、幼児が声を上げて喜んだとしても、動物や幼児は――変化を知覚しているが――時間を認識しているのではない。

変化の知覚のみならず、〈いま〉「ある」ことに加えて、「もうない」ことや「まだない」ことをも「一つの時間」において「ある」ことを認識することであり、このことがすなわち時間を直線表象によってとらえることになる。こうした客観的時間を認識しうる有機体、すなわち言語を習得した有機体のみが、〈いま〉の意味を、そして〈いま〉とは異なったあり方をしている「もうない」過去の意味を、さらに「まだない」未来の意味を問いうるのだ。

文法的優位

よって、時間論とは「時間」という概念を研究することではないのだが、概念(言語)を習得した者が、概念が指し示すものを研究するという構造になっている。言いかえれば、時間そのものには思いのほか概念が浸透しているのだが、フッサールのめざしている「内的時間意識」は「知覚中心主義」とでも言えるものであって、時間研究における概念の重要さを自覚していない。

現在・過去・未来の区別は、変化を知覚しうるだけの者にとってはとらえられず、「現在」や「過去」や「未来」という概念を習得した者にとってのみその可能性は開かれる。言いかえれば、その区別には、「ない」という否定語を学んでいることと、現在を「ある」の基本的モデルとしたうえで、過去を「もうない」、未来を「まだない」としてとらえることが必要なのである。過去と未来とを「ない」という同一の否定語によってこう表わすことが、過去と未来とがあたかも逆のベクトルをもつ同じ「ない」を含みもつもの、すなわち似たものであるという幻想へとわれわれを誘い込む。

　われわれは、じつのところ「もうない」過去と「まだない」未来とのあり方の、比較を絶した差異を知っている。だが、現在中心主義は、（誤って）物理学的時間に投影されて、ながらえている。というのも、物理学的直線時間には現在・過去・未来という時間の存在性格の相違は記入されておらず、そこにわれわれがそのつどその存在性格を読み込まねばならないのであるが、直線時間におけるすべての時点が同時に「可能な現在」であるという（誤った）投影をしてしまうと、その時点の左側は過去、右側は未来と定義されるように思われるからである。

　しかし、投影は、そのつど「現在」を決めるのだが、そこにすべてのトリックの鍵がある。それは、まったくこの物理学的直線時間の「うち」にはなく、「そと」から投げ入れたものであるにもかかわらず、あたかも「うち」にその構造があるかのようにみなすことによって、物理学的直線時間におけるあらゆる時点は可能な現在だという意味で、現在中心主義を支えることになる。物理学的直線時間におけるあらゆる時点は、可能な未来でもあり可能な過去でもあるのだが、それにもかかわらず、可能な現在が可能な過去や可能な未来より優位にあるように見えるのは、「もうない」とか「まだない」が「ある」に依存しているという文法的優位にすぎない。

〈いま〉を時間の根源的なあり方とみなす錯覚は、〈ここ〉を空間の根源的あり方とみなす錯覚に似ている。問題になっている事柄を明確にするために、視点を空間に移して見なおしてみよう。すべての空間的点は「可能なここ」である。そして、ある点に「ここ」を固定すれば、すべての空間的点は〈そこ〉であり〈あそこ〉である。よって、「ここ中心主義」が成立するような気がするが、それが成立しにくいのは、〈ここ〉は「ここ」と語る発話者の近くの場所を意味し、各発話者を中心とする言葉であるという意味で多元的であるからであろう。これに対して、〈いま〉は「いま」と語る発話者に依存せず、各発話者に共通の時を表わすから、世界の客観的な要素のような気がしてしまうのである。

さらに付加すれば、現在の文法的優位は現在の存在論的優位に基づくものであろう。過去は「もうない」し、未来は「まだない」、そして現在だけが「ある」とすると、ここには「ある」が「ない」に存在論的優位に立つという思い込みが潜んでいる。

時間と実在

こうして、「時間」とは、単なる整合的な「時間という概念」なのではなく、あくまでも「実在的なもの」との連関において「ある」ことを忘れてはならない。時間の実在性は、世界の実在性をその根底において支えるものなのだ。もちろん、いかなる世界が実在的であるのかは一義的に決定されているわけではない。世界の実在性に関しては、神学、唯物論、スピリチュアリズム、独我論……など多種多様な見解が可能であるが、不思議なことに、時間の実在性はそれほど拡散せず、大きく分けて次の二通りの対立的な場合しかないように思われる。

A　常に変化し、まだ固定していないあり方を世界の実在性のモデルにして、「現在」を時間の実在性のモデルにする場合。

B　もう変化せず、固定してしまったあり方を世界の実在性のモデルにして、「過去」を時間の実在性のモデルにする場合。

Bは物理学や歴史学はじめすべての学問がとる立場であり、かつ日常的時間理解のとる立場である。Aは「唯現在論」であり、過去や未来は幻想であり、「現在」において「ある」ことを「実在する」と同視する立場である。このうちでも、さらにそれぞれのかけがえのない〈いま〉のみが実在するという立場A_1と「現在一般」が実在するとする立場A_2に区別される。しかし、A_2は、すべての時間は可能な〈いま〉であることにより、Bに吸収されてしまう。物理学的時間理解とは、A_2とBとの混淆形態と言っていいであろう。すなわち、それは、〈いま〉を可能な〈いま〉とみなすことによって、「いま」という概念を使いながらも、じつは「もう変化せず固定してしまったあり方」、すなわち「過去」のあり方へと吸収してしまうのである。言いかえれば、それは、あらゆる現象を世界の終焉から「未来完了的に見た世界像」に呼応する。

よって、Bと対立する本来の「唯現在主義」はA_1のみである。しかし、この場合、次々に交代する〈いま〉のあり方と「実在」という概念とが齟齬をきたす。すでに見たように、実在には伝統的に自己同一的という意味が含まれているので、たえず湧き出し、そして消えゆくものを「実在」と呼ぶのには強い抵抗が待ち構えているのである。むしろ、この世界像は、実在それ自身を否定しているようにみなされてしまう。A_1の立場を貫くとき、こうした哲学的文法の抵抗にあえて逆らう必要はなく、ただ〈いま〉のみが「ある」のであり、あらゆる過去を基準にした実在的なものは「ない」のだ。言いかえれば、まさにカントの超越論的観念論が示したように、刻々と湧き出す〈いま〉こそが「ある」のだが、それはXとしか呼べないものであり、「もう変化せず固定してしまったあり方」はすべて「実在」という名の観念である。この意味で森羅万象は観念なのである。

以上のことは、視点を変えれば、次のようにも言うことができよう。

A′　客観的意味がまだ固定していない時。

B′　客観的意味がすでに固定している時。

A′は、さらに、「意味が成立しつつある時」あるいは「（意識が）意味を付与しつつある時」と言いかえてもいい。これに反して、B′は、すでにことごとく「これまで通りの意味が付着している時」である。私が自分の部屋で目覚めるとき、私は「窓」や「天井」や「絨毯」や「布団」など意味の固定した諸物に囲まれているとみなすのが、B′の立場である。これに対して、そのさい私があらためてすべての物を、「窓」として、「天井」として、「絨毯」として、「布団」として見る。すなわち、私がそれぞれの物をそのように意味付与することによってはじめてそれらの物が現われる、というのがA′の立場である。

そして、A′の立場をとると、この意味付与しつつある時こそが、厳密な（あるいは本来的な）意味における〈いま〉なのである。こうして、私はじつのところ、どんなに見慣れた光景に接していても、そのつど意味を付与しているのであるが、この作用はあまりにも普遍的であるので、あたかもすべての物がはじめから意味をまとって私の眼や耳や肌を刺激するような気がするだけである。付言すれば（詳細は第二章で扱うが）、私が「昨晩は飲みすぎたなあ」とか「彼に無礼な態度をとったなあ」と想起するのも、〈いま〉私が新たにそういう意味を付与しているのであって、昨日の事象にこびりついていた意味を「引っぱり寄せている」わけではない。

〈いま〉の長さ

ここで、あらためてそれぞれの〈いま〉とはどのくらいの長さであるか、という疑問が湧き起こるかもしれない。意味の成立に照準を合わせると、バークレィやヒュームの「ミニマム・センシブル（minimum sensible）」のように、やはりそれは微小時間だと思われるかもしれない。しかし、そうではない。ふたたび確認すると、〈いま〉は時間の客観的単位ではないのであり、われわれが絶えず変化する世界にあって、何を一つの運動とみなすか（すなわち一つの出来事とみなすか）という態度との相関で現われてくる。よって、私が「いま宇宙は膨張している」と語れば、私は世界に一三八億年に及ぶ〈いま〉という意味を付与したのであって、私が「いまは失業中だ」と語れば、私は世界に数カ月に及ぶ〈いま〉という意味を付与したのである。

その場合、極小の時間単位である〈いま〉、すなわち《いま》が、本来の〈いま〉、正しい〈いま〉なのではない。それぞれの関心に沿っている限り、すべてが正しい〈いま〉なのである。ただし、すべての〈いま〉はそのうちに《いま》を含むゆえに、そして、その《いま》によって、他のより幅の広い〈いま〉の内部を、あらためて現在・過去・未来へと分割できるゆえに、精密な〈いま〉と思い込まれているだけである。そして、知覚の弁別域を超えた《いま》も、ミニマム・センシブル以下の微小な時間的先後関係を語る必要があるときに使用するだけであって、そのことは、それが正しい〈いま〉であることを保証するわけではない。

物質の湧き出しと〈いま〉

だが、刻々と湧き出す新たな〈いま〉を実現させるものは、「いま」という概念でも、私が「いま」という意味を付与する作用でもない。私は単に真空に向かって、

「いま、いま……」と叫び続けているわけではないのだ。私は変化する世界の光景に「いま」という楔を打っているのであり、その変化自身は私が創造したものではない。では、変化を生ぜしめるのは何であろうか？　それは運動方程式でも他のいかなる物理法則でもない。物理法則は、観測に基づいて与えられた物質の変化を正確に記述しているだけであって、物質の変化を新たな〈いま〉ごとに創造しているわけではない。では何なのか？

デカルトなら、神の「連続的創造（creatio continua）」と呼ぶであろう。神は、刻一刻世界を丸ごと破壊し、そのたびごとに新たな世界を創造しているのだ。ここで重要なことは、たとえ神がそのつどそっくりの形式を再現したとしても、次の〈いま〉湧き出す世界は「新しい世界」なのであるから、その〈いま〉においてたとえ形式（形相）は、「これまで」とそっくりであろうとも、少なくとも質料は「これまで」と同一ではなく、異なっているということである。神は質料を含めてまったく同一の世界を再現することはないのだ（これこそが、時間がとどまらず、絶えず進行することを保証するものである）。だが、われわれ人間の感度の低い眼や頭脳には、心理学上の「仮現運動」のように、ただ同じ形式（物理学の法則あるいは自己同一的な物）がt_1からt_2へと移行していくかのように見えてしまうだけである。

ヒュームなら、湧き出す〈いま〉を実現させる神のようなものは「ない」と答えるであろう。そのつどの未来が予測通りに実現されるのは、われわれ人間の「習慣」という形式以外に、いかなる質料的原因もないという意味で偶然である。これまで天文学をはじめ特定の分野で測定がかなりの確率で当たってきたのも偶然である。これまでいくら予測が当たってきたとしても、任意の次の〈いま〉、あらゆる予測を覆すような事象が生起してもいい。なぜなら、習慣は「これまで」の観察や推理に従って形成してきただけであって、それをひっくるめても「これから」の世界のあり方を決める能力はないからである。いや、これにとどまらない。ヒュームにとっては、そもそも次の未来が到来することさえないかもしれないのであり、明日が「ある」ことは純粋な偶然なのである。デカルトの連続的創造説とヒュームの習慣説の説明能力は同じである。

こうした観点からバークレィの見解を見直してみると、彼はこの現実的な感覚（刺激＝感覚）を徹底的に拒否することによって、物質そのものを否定したと言えよう。観念としての世界には「そと」がないのである。彼は、すでに観念によって塗り込められている世界のみを見ていたのであって、ロックやヒュームのように、観念が発生する世界を見ていなかったとも言えよう。

以上の考察によって、物質が〈いま〉と不可分の関係にあることが見て取れるであろう。過去は「もうない」のだが、それでも昨日見た夕日は「赤かった」のであり、冷蔵庫の中に入っているトマトは〈いま〉見ていないのだが、性質として「赤い」のだ。この意味で、〈いま〉現に知覚しているのみならず、過去や未来あるいは想像も含めた世界は観念＝意味としての「赤」に充ちており、そのごく一部を私はそのつどの〈いま〉において「赤い」と現に感じるのである。

言語を学んだ有機体（すなわち人間）は、そのつどの〈いま〉意味を付与しながら生きているのであり、現に知覚するとは意味付与することにほかならない。そして、自分の仕事部屋に入ったとたんに、そこに「机、椅子、カーテン、ホワイトボード、窓……」等々、ことごとく旧来の意味を付与しても、そのつどの〈いま〉が「まったく新たな時」であることを知っている。これは何に由来するのか？　明らかに、私が付与する意味にではなく、私が意味を付与している時がまったく新たな時であることに由来し、さらにそれぞれの時に物質がまったく新たに湧き出しているることに由来する。こうして、思いがけないことに（?）、最終的には絶えず湧き出す物質が、それぞれの〈いま〉というかけがえのない時を成立させているのだ。現に知覚している「赤」や「丸」は概念としての「赤」や「丸」に何かが付け加わったものであるが、それは「現に存在する」というあり方であり、それを保証するのが物質なのである。

第二章　過去が「もうない」とはいかなることか？

1　想起と過去

想起は過去の事象に的中しているのか？

過去とは何かという研究の開始にあたって、過去が単なる「過去」という概念ではないことを再確認しておこう。なぜなら、想起という作用があるからであり、それは明らかに概念を超える直観体験を伴っているからである。だが、はたして想起とは定義的に過去の事象を直接とらえる作用である、と言っていいであろうか？

その場合、なぜわれわれは〈いま〉過去の事象を直接とらえることができるのか、という素朴な疑問が湧くであろう。もし想起という作用が現在から過去へ向かう作用であるとすると、これは物理学的作用ではない。それを「心の作用」とみなすとしても、時間を遡る作用は物理学と真っ向から対立するのであるから、それが物理学的世界とどのような関係にあるのかが究明されねばならないであろう。

その前に、いったい「過去の事象」とは何であろうか？　それは、明白であるように思われる。二〇一六年五月一日の午後五時を現在とすると、同日の正午に起こった事象E_3であり、同日の午前一〇時に起こった事象E_2であり、前日四月三〇日の午後五時に起こった事象E_1である。これらの事象を、それぞれ端的に想起して先後に並べ、客観的過去世界に位置づけうることによってである。では、客観的過去世界を私はいかにして承認しているのか？　これらE_1、E_2、E_3を含むあらゆる現に起こった諸事象の系列が互いに矛盾のない先後関係あるいは同時関係にあることを承認することによってである。

以上の手続きを考えるに、私はすでに客観的時間、あるいは客観的事象系列が、

〈いま〉なお、何らかの意味で存在していることを前提している。言いかえれば、一方で、〈いま〉それらが「もうない」ことを知りながら、他方、それらが何らかの意味で「ある」こと、すなわち、それらは「もうない」という仕方で「ある」ことを認めていることになる。しかし、これはいったいいかなるあり方なのであろうか？　こう問うと、もう一つの疑いえない事実が浮かび上がってくる。それは、たとえ想起によって過去の事象E_1をとらえている感じがするとしても、想起の内容E'_1とE_1とを照合して前者が後者に的中しているかどうかを調べることはできないこと、せいぜい現在残された証拠の集積から、想起がE_1に的中しているかどうかを推測することができるだけだということである。

とすると、もうない過去が「あった」とは、いかなる意味をもっているのか、ふたたび考え直さねばならない。想起がE_1に的中したといっても、現に調べられないのだとすれば、「的中」という意味は、ただ「もうない」E_1に的中していると思い込んでいるだけなのではないか？　私は、〈いま〉想起によって過去の事象をとらえたような「感じ」がするだけであって、現にとらえているかどうかは原理的にわからないのではあるまいか？

しかもE'_1がE_1に的中しているかどうか、私は知りえないのであり、このことは経験的事実なのではなく、原理的（あえて言えば、ア・プリオリな）事実なのである。なぜなら、もし私が想起において過去の事象それ自体を直接とらえていることになれば、私は現在において過去の事象それ自体を体験していることになろう。これは、過去の事象が何らかの仕方で、現在「ある」ことを意味する。「無」をとらえることはできないはずだからである。

フッサールのブレンターノ批判

過去は、〈いま〉は「もうない」というあり方で「ある」。だが、「もうない」という否定的あり方は、直ちには「あった」という肯定的あり方ではない。われわれが過去を「あった」というあり方として了解しているとき、単に〈いま〉「もうない」ということを了解しているのではなく、〈いま〉「ある」とは別のあり方で「ある」ことを了解しているのである。過去の事象は〈いま〉「もうなく」、かつ〈いま〉「ある」のだ。だが、その場合、われわれは〈いま〉「ある」とされる知覚の対象と〈いま〉「あった」という仕方で「ある」とされる想起の対象とを比べて、なぜ前者を現在に、後者を過去に配分できるのであろうか？　というのも、想起の対象が知覚の対象といかに異なった仕方で〈いま〉「ある」としても、そのあり方からは「もうない」という「なさ」、すなわち「不在」というあり方は出てこないからである。この疑問は、フッサールがブレンターノに対して立てた問いである。

ところでブレンターノが、ここにはっきり現われている時間知覚と時間想像の相違を、彼がこの相違を見落としたはずはないのに、彼の時間直観の理論において全然無視しているのは、はなはだ奇妙である(2)。

ブレンターノは、われわれは想起において過去の事象Eを〈いま〉あらためて想像しているのだと主張したが、そうするとEは、たしかに〈いま〉知覚している対象ではないことはわかるが、Eはやはり〈いま〉「ある」のだから、そこに「もうない」という過去のあり方は含まれていないのだ。

過去という観念《イデー》をわれわれはどこから得るのであろうか？　ある新しい契機……それを過去の契機と言ってもよいが……と結合して、意識の内部にA音が現在しているということからは、「A音は過去のものだ」という超越化的意識は説明されない。(3)

過去は、〈いま〉「もうない」のであって、それは〈いま〉を超越化する意識である。それはむしろ〈いま〉端的に「ない」というあり方で現われているのだ。したがって、フッサールが洞察したように、「もうない」過去をとらえるには、「ない」というあり方、すなわち「不在」を直接とらえる原初的場面が開かれていなければならない。フッサールはそれを悟っていて、「レテンツィオン（Retention）」という作用に注目する。あるメロディーM1が終わった瞬間に、直接に「M1はもうない」ということをとらえる作用である。こうして、フッサールは「不在」をとらえる作用として、またもや知覚中心主義に舞い戻っている。

しかし、「不在」は本来言語の習得によって、はじめて世界に登場するのであって、その場合、M_1が「たったいま終わった」という微視的現在＝過去に限定する必要はない。むしろ、言語を学んでしまうと、われわれは「もう若くはない」とか「もう近代ではない」という表現をごく自然に使用できるようになるのだ。言いかえれば、いかなる微視的知覚においても、M_1が終わった瞬間に「M_1はもうない」という不在の状態を把捉しうるためには、「もうない」という言語が必要なのであって、もしわれわれが言語を学んでいなければ、否定も不在も登場せず、よって、それをとらえるレテンツィオンも登場しないであろう。

「M_1はもうない」という把捉が、言語とは独立の知覚レベルで生じているかのような気がするのは、すでに言語を学んだ立場から事象を見ているからであって、赤ん坊や高等動物にも同じような作用が成立しているかのように見えるのも、言語を学んだ者の「知覚」をそれらに投影しているからにすぎない。

フッサールによれば、レテンツィオンは根源的現在である「原印象（Urimpression)」と並んで（広義の）現在に属するとともに、過去の萌芽でもあるという媒介的位置にある。現在は原印象によって「ある」と同時にレテンツィオンによって「もうない」というあり方をしているのであり、現在のうちに根源的に認められる「不在」こそが「いまある」現在と「もうない」過去という、一見互いに相容れない時間様相をつなぎうるのであり、（さらにプロテンツィオンという未来を加えて）一つの時間を構成しうるのである。

しかし、ここでフッサールはさらに思い違いを犯しているのではないだろうか。フッサールは、プロテンツィオンの例として、メロディーM_1がA→B→Cという三つの音から成っているとして、B音が〈いま〉鳴っているときに「たったいま鳴り終わったA音」をとらえる作用としている。しかし、A音を「もうない」ととらえることができるのは、われわれが「もうない」という言葉を学んだからなのである。動物も赤ん坊も「もうない」A音をとらえているように見えるが、それは言語を学んだわれわれが「もうない」という言語を外から投影して見ているからであって、言語を学んでいない有機体は、「残像や残響」といった薄められた刺激にかかわっているであろうが、レテンツィオンという否定的なものにかかわっているのではない。

第一次想起と第二次想起

フッサールは、レテンツィオンを第一次想起とも呼び、われわれが反省的に体験している通常の想起を第二次想起と呼ぶ。フッサールが、第二次想起は第一次想起(レテンツィオン)なしには成立しないと言うのは正しい。しかし、だからといって、われわれが通常知っている(現在と乖離した)過去を把握することにおいて、第一次想起が第二次想起より根源的であるわけではない。

私は、たしかにM_1が「たったいま鳴り終わった」という体験を有しているが、この体験が第二次想起のさいにもそのまま維持されて、それによって想起の対象を過去の事象だと判定するわけではない。第一次想起の構造がそのまま第二次想起に移行するのではなく、前者から後者へは根本的転換がある。第一次想起は、過去を把握するための必要条件であって、十分条件ではない。(現在から隔絶された)過去は、むしろ第二次想起によって、すなわち、M_1を単に「もうない」と語るのみならず、あらためて「あった」という過去形によって肯定的に語り直すことによって、成立するのである。もし、われわれがM_1は「もうない」と語れても、M_1は「あった」と語れなかったら、われわれは（現在から隔絶された）過去を開くことができないであろう。

こうして、過去の萌芽はレテンツィオン＝第一次想起という根源的意識の事実のうちにあるわけではなく、むしろ「もうない」という言語を第一次想起に適用することのうちに、さらに、「あった」という言語を第二次想起のうちに適用することのうちにあるのだ。レテンツィオンとは、ナマの意識現象M_1ではなく、すでに「もうない」という意味が付与されたM_1であり、第二次想起とは反省されたM_1ではなく、「あった」という意味が付与されたM_1なのである。

別の観点から言いかえれば、レテンツィオンは、「音を聴く」という受動的あるいは中立的意識作用ではなく、すでに「もうない」という能動的意味を付与する作用なのであって、その場面において、われわれ言語を学んだ有機体は動物や赤ん坊とは異なった世界に生きている。レテンツィオンがすでに能動的意味付与作用であることから、反省的な第二次想起につながることも了解できる。言語を学ぶと、われわれは「もうない」という意味を、ごく自然に「あった」という意味に変換することができるようになる。しかし――注意すべきことであるが――、そのさいフッサールの言うように、「もうない」のほうが「根源的」であるわけではない。

フッサールが「もうない」を第一次想起、「あった」を第二次想起に対応させているのは、やはり現在中心主義に基づくものであろう。だが、言語を中心に考えるとき、「あった」ことは「もうない」ことには取り込まれない根源性を有している。繰り返しの体験、例えば、打ち上げ花火を見ているときに、次々に打ち上げられる花火が「もうない」という体験を繰り返しても、「あった」という体験が「そこから」出てくるわけではない。それは、新たな言語の適用なのである。

むしろ、われわれは「あった」という過去形の言語を「もうない」という現在の否定的言語とは独立に学んでいるのだ。そして、過去の要が「もうない」という現在形の否定的意味付与のうちにはなく、「あった」という過去形の肯定的意味付与にあることは確かである。そのつど現在形で「もうない」という意味付与ができたとしても、「あった」という過去形を使用できない有機体は、明らかに過去を開示できない。

フッサールは、レテンツィオンこそ過去の萌芽とみなしたが、それは現在中心主義という思想の枠内で、現在から過去へ切れ目なしに基礎づけ、目的に適う「接着剤」という意味をもっている。しかし、むしろ有機体が言語を学ぶとは、はじめから過去形を現在形とは別に学ぶことではないのか？　世界を「あった」という相貌ではじめから学ぶことではないのか？　すでに過去が現在ではないことを知っている者のみが、現在と過去とを「つなぐ」もの、すなわちレテンツィオンを過去の萌芽として理解できるのであるとすれば、その者は「レテンツィオン」という現象をとらえる以前に過去を知っているのでなければならないはずであろう。

すなわち、フッサールの現象学的記述は、じつのところすべて反省の次元において進行するのであって、反省以前のレテンツィオンを承認するのも、反省の段階においてなのであり、言語の意味付与作用以前の意識作用を承認するのも、言語の意味付与作用を通してなのである。

現に体験したこと

ブレンターノ説のもう一つの難点は、想起を「過去の事象をもう一度想像すること」とした場合、現に体験したことと現に体験していないこととの区別があいまいになることである。次に、この点を考察することにしよう。想起とは過去の事象をふたたび想像することである、というブレンターノ説は、ヒュームにまで遡ることができる。ヒュームは、想像と想起との違いを「生気」と「勢い」の量的差異だけに求める。

> 記憶を想像力から区別する特徴を探すとき、われわれは直ちに、それが記憶の提示する単純観念にはあり得ないことを看取する。なぜなら、これらの能力は両方とも、その単純観念を印象から借りるのであり、これら元の知覚（印象）を超えていくことがけっしてできないからである。（中略）それゆえ、記憶がそれと知

られるのは、それの複雑観念の秩序によるのでも単純観念の性質によるのでもないから、それと想像力との相違は、それが勢いと生気において優るということにある、ということが帰結する。(4)

たしかに、現に私が訪れたウィーンのシェーンブルン宮殿の想起は、訪れたことのないパリ郊外のヴェルサイユ宮殿の想像より、「より強くより生き生きしている」と言えるように思われる。だが、両者の差異は、じつは「強さと生気」によるだけではない。たしかに、前者は過去の体験の「すでにない」という不在をとらえており、さらに後者は「現に体験した」という感じをとらえている。シェーンブルン宮殿に行ったことには、「過ぎ去った」感じと「なじんでいる＝現に体験した」という感じが伴うからである。

ヒュームは『人間本性論』を書き進めるうちに、先の「勢いと生気」説を微小訂正して(「付録」をつけて)、現実的過去の把握に関して、より常識的な見解に落ち着いていく。

それゆえ、想像力は、記憶が示すことができるのとまったく同じ対象を表象することができ、またこれらの能力は、それらが提示する観念に伴う異なる感じによってのみ区別される……。（中略）そしてここで、誰もが私に同意して、記憶の観念が想像力の観念よりもより強くより生き生きしているということを、直ちに認めるであろうと私は信じる。(5)

最後は「勢いと生気」を再確認しようとするのだが、その前に「それら（想像と想起の対象）が提示する観念に伴う感じ」と補っていることがポイントである。単なる想像と過去の想起とは、その「勢いと生気」のみならず、明らかに「感じ」が違う。（とくに自分が現に体験したことの）想起には、「自分が過去に現に体験したことを想起している」という感じがするのだ。ラッセルは、こうした（改訂版）ヒューム説を発展させて、想起には、「過ぎ去った（past）」感じと「なじみの（familiar）」感じがあると言う（『心の分析』）。

想起においても、「現に体験した」という感じを伴わない場合がある。現に私が訪れたシェーンブルン宮殿を想起するときも、私はそのつどの光景を思い浮かべているとは限らず、個々の光景はほとんど憶えていないが、とにかくシェーンブルン宮殿に行ったことを憶えている、という場合である。とくに古い過去の経験の場合、個々の光景をほとんど想い起こせなくても、シェーンブルン宮殿を想起すると言っていい場合は稀ではない。この場合、私はシェーンブルン宮殿に行ったことを他のさまざまな連関によって知っているからそう語っているだけであり、これに反してヴェルサイユ宮殿を鮮やかに想い起こすことができようと、他のさまざまな連関から私はヴェルサイユ宮殿に行ったことがないことを知っているから、私はヴェルサイユ宮殿に行ったことを想起するとは言わないだけである。

ここで根本的疑問を提示しなければならない。はたして想起を想像から区別する「感じ」に分け入り、そのメルクマールを網羅するという方法は稔りあるものであろうか？　想起の対象Aを探究すれば、そこに端的に「過去」が刻印されていることが認められ、想像の対象Bにはその刻印が認められないのであろうか？　必ずしもそうではないであろう。想起には独特の「感じ」という過去の印が刻印されているという見解は、一般的には維持することができない。なぜなら、ラッセルの言う「過ぎ去った」とか「なじみの」という感じが、必ずしも「過去」を示さないことがありうるからである。

ラッセルは過去の典型として「現に体験したこと」を考えているのであろうが、その意味は拡散し、われわれはそれを「過ぎ去った」と「なじみの」という印だけによって判別しているわけではない。両親から何度も聞かされ、何度も録音で聞いている終戦の日の玉音放送は、「勢いと生気がある」が、一九四五年八月一五日に私がラジオを聴いていたわけではない。私は天皇の声をテレビやラジオの報道番組で聴いたのである。このことを私は、そのつどの想起の対象に現実の（直接）体験という「なじみの」感じが認められないゆえにそう結論するのではない。私は、そのとき生まれていなかったから直接体験できるはずはないという別の事実からの推論によって、それを「私が現に体験したこと」のグループから排除するだけである。逆に、ほとんど記憶にない私の幼児のころの体験（片言をしゃべっていたこと）も、周囲の大人たちから私が「なしたこと」だと聞かされているから、私はそれを「私が現に体験したこと」のグループに入れているのである。

さらに付加すると、「懐かしい」という感じも、必ずしも私が現に体験したことの「印」ではない。身をもって体験はしなかったが直接観察したことである場合、テレビなどによって、間接的に観察した場合、ただ新聞で「読んだだけ」、噂を「聞いただけ」である場合など、さまざまな段階がある。それでも、私は（学生時代にデモに参加したことはないが）、写真や録画で当時の学生たちのデモ風景を見ると、懐かしい感じがするのだ。私が直接体験したのではない同時代の光景（「昭和の日本」の光景）のみならず、私はさらに戦前の流行歌や軍歌を聴いても、私は自分が現に体験したことではないと知りながら、「懐かしい」という感じに襲われるのである。

想起の対象は知覚の対象ほど確実ではなく、想起の対象であることは、それ自身の明証性よりむしろ整合的文脈に依存することが大きい。われわれは、想起の対象を一つ一つバラバラにして眺めるのではなく、それらの連関をたどり、それらの連関の整合性から、それらが想起の対象群であることを知る。ある現象E_1に「自分が過去に現に体験した感じ」が伴うときも、やはりE_1をE_{-1}、E_0、E_1、E_2……という整合的連関に置くことが先行しているのであって、言いかえれば、ある現象E_1がいかに「ありありとしている」としても、それにいかなる整合的連関もつけることができないとき、私はE_1をかつて現に体験したのは錯覚か夢ではないかと思い直す、あるいは、E_1を別の文脈にあるE_kと取り違えたのではないか、と思い直すのだ。

想起の内容と対象

なお、いかに整合的連関をつけて私が想起するとしても、想起の対象Gは過去に起こった出来事自体ではない。私は、想起において、過去に戻るわけでもなく、過去を「手繰り寄せている」わけでもなく、過去とはいかなる「関係」も取り結ばないのである。まず、現在と過去とをつなぐ物理学的関係はない。あるいは、大脳に「記憶物質」があるという反論が出されるかもしれない。しかし、記憶物質は明らかに〈いま〉あるのであって、その表層にも内部にも「過去への通路」はない。こうして、私は〈いま〉想起するさいに過去の事象と何らか関係している感じがするが、その科学的（物理学的・生理学的）根拠はまったくないのである。というより、科学的知見と完全に対立する。では、想起において、過去と何らかの関係にあるという私の感じは錯覚なのか？

ある意味でそうである。私は三七年前の九月に悲壮な決意をもってひとりウィーンに向かったが、その出来事Gは三七年前に現に起こったことである。だが、Gは、そのときの物理学的物質Mに「ウィーンに向かって成田を発った」という言語的意味Bがこびりついたものであって、Mは〈いま〉「もうない」が、Bはそのときにあった Mから「抜け出て」非時間的意味として〈いま〉「ある」のだ。よって、Gを私が〈いま〉想起するとは、GにおけるMとBを丸ごと再現するのではなく（それはできない）、ただBを「かつて経験した」という感じを伴って、他の諸経験との整合的文脈に位置づけることである。つまり、私がGを〈いま〉想起するとは、Gを過去から「引っぱってくる」のではなく、私が意味としての非時間的Bを「現にあった」という特定の感じをもってあらためて考えることなのだ。

Gは解体されたのである。というより、Gはそもそもそれが知覚されたときですら、絶えず湧き出しては消えゆく物質Mに抗してBがみずからを維持する、という仕方においてとらえられたのであり、はじめからBはMとは異なったあり方、Mに依存しないあり方をしているのだ。

以上のことをより鮮明に理解するためには、想起よりむしろ「再認」について考えてみるのがよい。私は数度シェーンブルン宮殿を訪問したが、雪の降った日に、どうしてもその光景を見たくて、急いで（当時住んでいた住居から）地下鉄を乗り継いで最寄りの駅に向かい、宮殿内の広い庭園に入った。息を呑むような白銀の世界が広がっていた。そのとき撮った写真を私は〈いま〉目の前に広げている。私には、その写真を「たしかにこうだった」と再認しているのであるが、同時に次々にその写真に写っていない光景が浮かび上がってくる。私は過去からそれらの光景を引っぱってきたのではなく、まさに〈いま〉その写真の上に数々の光景を意味付与しているのである。

眼前の写真という物体（物質）に「シェーンブルン宮殿」という意味がもともと

こびりついているのではない。この意味は、それを見るたびごとに、私が付与しているのである。同時に、私はそこに「写真」あるいは「長方形の紙」という知覚的意味も付与している。ここで注意すべきことは、この知覚的意味もまた物体（物質）に付着しているわけではない、ということである。ただ知覚的意味は公共性が高いゆえに、私が意味付与する前に物体自体にもともとこびりついているように思われるだけである。それに反して、私の個人的体験に基づく想起的意味は公共性が低く、よって、その物体自体にこびりついてはいないように思われるのだ。他人Xがその同じ物体を見るとき、Xはその写真上の「形」や「色」の配置に関して、私と同じ意味を付与するであろう。たぶん「空」も「雪」も「建物」も「宮殿」も同じであろう。だが、「シェーンブルン宮殿」という意味は付与しない（できない）かもしれない。まして、その撮影の日の具体的状態を意味付与することはできない。こうして意味付与は、眼前の知覚対象の物体的意味から個人的体験まで、段階的に公共性のグレードがあるだけであって、総じてその対象の「うち」にあるのではなく、私が「そと」から付与するものなのである。

こうしてみると、知覚するとは再認することにほかならず、現在は意味構成体としての過去に満ち溢れている。博物館や遺跡のみならず、私は、なじみの部屋に入るたびに、なじみの人に会うごとに、「かつて見たことがある」という意味を付与しているという点で、過去を見ているのであり、DVDやCDで映像を見、音を聴くごとに、ヴォイスレコーダーで録った声を聞くごとに、「かつて聞いたことがある」という意味を付与しているという点で、過去を聞いているのだ。

保存されている過去と直線時間

とはいえ、過去は想起の対象にとどまらず、〈いま〉どこかに保存されて実在するような感じがする。われわれは無から何ごとかを想起するのではなく、実在する過去(それは同時に想起可能な過去でもある)のごく一部を現に想起するように思われる。あらゆる科学が過去の実在を保証している(ふりをしている)ことと並んで、想起するときのこうした端的な実感に支えられて、保存されている過去という概念は独特の堅固さを有しているのである。

あらためて、その理由を探ってみよう。バークレィは「存在することは知覚されることである」と語ったが（『人知原理論』）、この定義を成り立たせるには、知覚は〈いま〉可能な知覚にならねばならない。同様に、過去の存在とは想起されることであるとする場合、可能な想起は無制限に拡大していき、人類の誰も現に想起しないが、想起しうることにまで、さらには、人類の誕生以前においても、もし（人類に似た）何らかの知的存在者が観察可能なら、その対象は存在しうることになる。こうして、カントの用語を借りると、「あらゆる過去の事象は」なのであり、カントは物理学的直線時間を採用しているゆえに、あらゆる過去の事象はまさに直線時間上に「観念＝表象」として保存されているのである。

時間でさえ、われわれが（時間の外的な図形表象であるはずの）一直線を引くこ
とによって、多様を総合する行為（中略）にもっぱら注意を向けるのでなければ、それをまったく表象することはできない。(6)

ここで見落としてならないことは、直線時間上に保存されている観念としての過去は、質料（物質）に支えられていないということである。質料的にはそれぞれの〈いま〉において、かつての〈いま〉群は、すでに完全に消滅しているのであるが、それらが直線時間上に「観念」というかたちで保存されている。物質という観点から見れば、過去がなぜ現象であって物自体でないのかは明瞭である。すなわち、過去は〈いま〉のように物質からの刺激を伴う現存在（現実的存在）ではなく、そこから物質がことごとく抜け出した存在、すなわち観念（「意味」と言いかえてもいい）だけの存在だからである。カントによれば、時間は「経験を可能にする条件」なのだが、これは、直線時間が「過去を可能にする条件」だということにほかならない。よって、過去が数直線上に保存されているということは、現象の枠組みをかたちづくるものであるから、いかなる現象内の物理法則にも出来事にも反していないが、いかなる現象内の物理法則によっても出来事によっても裏づけられないのである。

過去への運動？

カントを離れて、さらにこの直線時間の「上に」どのように過去の事象が「ある」のか探究してみよう。ある過去の事象E_1を単に「もうない」と語るのみならず、「あった」と語るとき、そこに含意されているのは、E_1が何らかの仕方で保存されているということである。その場合、「過去」という言葉に引きずられて、Eが「過ぎ去ってしまった」というあり方で「ある」と了解してしまう。電車が過ぎ去って〈いま〉隣の駅に停車しているように、E_1は過ぎ去って〈いま〉一〇分前の場所に「ある」のだ。すなわち、E_1は「もうない」と語るとき、第一に、「過ぎ去った」という表象が襲いかかり、第二に、電車のように運動する物体が過ぎ去るという表象が襲いかかってきて、E_1を物体化して、E_1は客観的時間上を〈いま〉t_0から過去の一点$-t_1$へと移行したとみなすのである。

しかし、はたして、こうしたt_0から$-t_1$への「運動」を理解することができるであろうか？　それは、物理学的運動ではないとしても、やはりある種の運動であるはずであるが、それはいかなる運動であるのか？　単なる「心の運動」ではないことは確かであろう。このことによって、各人がこうした想像空間を「心のうち」に宿していると言いたいのではなく、「客観的空間」において、諸現象は次々に過去へ移行すると言いたいのだから。しかし、世界の客観的あり方に属し、かつ物理学的運動ではない運動を、われわれはまったく知らないのである。また、その運動が物理学的運動ではないとすると、それを測定する時間は、物理学的時間ではないはずであるが、それはいかなる「時間」なのであろうか？　さらに、E_1が過去の一定の場所（$-t_1$）へと運動したのであるが、その場所はこの世界の「どこ」にあるのであろうか？

問いを保持したまま、この構図に想起と再認とを重ね合わせてみると、さらに奇妙な世界像が描かれる。過去という場所へ運動したE_1を〈いま〉私が想起するとしよう。それは、E_1が今度は現在に向かって運動することなのだ。これが物理学的運動でないことは明らかなので（想起するたびに、そこに時間を逆行する運動が生ずることは物理学的世界像に矛盾する）、「心のうち」における運動とみなすほかはない。

あるいは、眼前の写真の「うち」に過去の光景を見る場所を反省してみよう。この場合、眼前の写真Gの表面から発した光が私の瞳孔に入るのだが、同時に私はその中に二〇年前に撮った「雪のシェーンブルン宮殿」Sを認めている。この場合、二〇年前の光景自身〈S〉が〈いま〉Gのあるその同じ場所に重なって「ある」わけではないから、〈S〉はさしあたり他の場所に「ある」とみなされる。Sは二〇年前の光景なのであるから、そのときの光景自体〈S〉と何らかの関係になければならない。としても、二〇年前から現在へ逆行する運動は物理学的運動ではないから、それはやはり「心における運動」である。しかし、たとえ「心のうち」であっても、なぜわれわれは〈いま〉こうした運動を介して過去と関係することができるのであろうか？

ここで、われわれは文字通りのアポリア（行き詰まり）に陥る。このアポリアは、想起や再認において、空間における光や音の伝播というモデルが適用されることに起因する。富士山Fの表面（空間R_1）から、〈ここ〉にある私の瞳孔（空間R_2）へと光（電磁波）が伝播（運動）した結果、〈あそこ〉に「ある」本物の富士山〈F〉がFとして〈ここ〉で見える。この場合は、空間における光の運動は、正確に物理学的に記述できる、その意味で実在的な事象である。しかし、昨日見た〈F〉を〈いま〉Fとして想起する場合は、〈F〉とFとのあいだには、いかなる物理学的運動も介在しない、その意味でそこにあるのは非実在的な事象である。〈F〉からFへの「運動」は、物理学的運動のモデルを不当に適用しながら、じつはただ「運動」という言葉だけを用いた説明方式なのである。

補足的ではあるが、ここで想起も再認もしなくても、過去の事象〈S〉はそのときの現在（一九九五年）においては直線時間上の場所t_0にあったが、二〇年後（二〇一五年）においては、$-t_1$という場所に運動した、というかたちで運動をもち込むかもしれない。こちらの運動の非実在性を見抜くほうが簡単である。すなわち、ここには世界におけるいかなる運動もなく、いわば世界そのものが丸ごと未来へ向かって運動しているのだ。机Xの上で年表Yが広げられている。Xに原点0という目盛を付けて、Yをそこから少しずつ左に動かしてみる。すると、出来事の全体は、だんだん0から離れていく（過去になっていく）が、それぞれの出来事の相対的時間関係は維持される。すなわち、この年表の移動のようなものを仮に「運動」と呼ぶとしても、この運動は世界のうちに生ずる物理学的運動ではないのである。

2　大森荘蔵の時間論を批判する

立ち現われ一元論と過去

前節で見たように、現在から過去への時間上の運動はあまりにも不合理であって、いかにしてもその合理的ピクチャーを描くことはできない。

ここで、大森荘蔵のいわゆる「立ち現われ一元論」を批判的に検討してみよう。ある意味で時間上の運動というピクチャーを保持しながら、大森は想起や再認のたびごとに、〈いま〉過去の事象が「じかに」立ち現われると考える。大森によれば、〈いま〉過去の事象Gが立ち現われるのであるが、立ち現われる以前にGは「過去という時t_1にあった」わけではない。Gが〈いま〉「立ち現われる」こと、それがすなわち「Gが過去t_1にあった」ということにほかならない。しかし、ここで強調すべきことは、〈いま〉Gのコピーが立ち現われているのではなく、〈いま・ここ〉にGそれ自体（本物のG）が立ち現われているという点である。例えば、大森は、次のように言う。

> さて今ここに私の知人の写真があるとします。私は一眼みてそれがAの古い写真だとわかります。このとき私はAを「思い浮べた」はずです。（中略）ところがこの「若きA」その人もまた今私の心に「思い浮んで」いなければなりません。もしそうでなければ、同じく「思い浮んでいる」ところの「写し」の方がいったい誰の姿であるか、私にはわからないはずです。[7]

ここに描かれている事態を反省してみれば、私は〈いま〉写真上の複雑な図形を知覚し、それを同時に〈A〉（一〇年前のA）として再認しているだけである。言いかえれば、私は〈いま〉同時に〈A〉に知覚的意味と想起的意味とを付与しているだけなのである。大森のように、そのために壮大な「過去への通路」すなわち「過去の事象そのものが立ち現われる」というおとぎ話を考案する必要はない。

そのさい注意すべきことは、もちろん知覚においても本物（物体としての写真G）が立ち現われるのであるが、Ｇがすでに「写真」という知覚的意味を担って立ち現われるのではないことである。Gでさえも〈いま〉私がそれを知覚するとともに、「写真」という意味を付与するのであって、とくに想起の対象だけを「心のうちの過去への通路」を経て、過去という場所にいったん送り込んだうえで、過去から「立ち現われる」という運動をもち込む必要はない。私は眼前のGに対して、〈いま〉「写真」という知覚的意味と重ねて、「一〇年前の知人」という想起的意味を付与しているだけなのだ。そして、後者の想起的意味付与においては、「一〇年前のAはもういない」という「不在」すなわち「否定」が介入していることを見抜かねばならない。「一〇年前のA」が〈いま〉直接立ち現われているのではなく、「不在としての一〇年前のA」が〈いま〉直接立ち現われているのだ。

こうして、再認において、私は写真と「一〇年前の知人」という二つの対象に出会っているわけではなく、眼前の一つの対象Gに、「写真」という現在する意味（知覚的意味）と「一〇年前の知人」という不在の意味（想起的意味）とを付与しているだけなのである。

大森はだが、こうした状況において、私が〈いま〉知覚的意味と重ねて想起的意味を付与するという語り方をとらず、——不思議なことに——本物のAが「立ち現われている」と言う。大森にとって、想起や再認において、そこに「本物」が立ち現われていなければならない理由は一つだけであって、そうでなければ、私はAを想起していることにならないからである。私はAの写し（一〇年前の写真）を想起していると言ったとしても、それが何かの「写し」であるということを知っているからには、その本物も知らなければならない。写しだけを知っていて本物を知らないというのは、写しの意味に反するというわけである。

だが、これをすべて認めたうえで、その写真から本物のAが立ち現われる、という語り方には大いなる違和感が残り、不気味な感じすらする。この感じを探っていくと、「本物」という言葉に行き着く。大森が、想起や再認において本物のAが立ち現われると言っていても、（大森の言葉によると）「思い」として立ち現われるだけなのである。大森が〈いま〉眼前のAを知覚する場合は、Aは物質MとMが位置する空間Rを伴って（電磁波を介して）、その意味B（笑い顔）が立ち現われるのだが、写真に写っているAを再認する場合は、Aを形成していたMとRは消滅し、Aは写真というまったく新たなMとRを伴って（電磁波を介して）、その意味B（笑い顔）だけが立ち現われるだけなのだ。

「本物」を考えるときに、大森は大きな見落としをしている。それは「物質」であり、さらには「空間」である。一〇年前に大森がAを知覚したとき、Aは特定の物質Mの現存在とそれを包み込む空間Rとに支えられて「現にあった」のであり、それがAの知覚的意味を構成している。しかし〈いま〉やMとそれを包むRとは消滅し、大森がAを再認するとき、彼はMとRの欠けたA、すなわち不在のAである、Aの意味Bだけを再認するのであり、それがすなわち想起的意味なのである。

知覚的意味と想起的意味とは対等ではない。前者は対象Aの物質Mとそれを包み込む空間R、さらにその意味Bに連関しているが、後者はMとRを欠いたBだけに連関している。言いかえれば、知覚においては、まさにM・R・Bを具えた本物のAが「立ち現われる」のであるが、想起や再認においては、本物のAではなく、MとRを欠いた不在のA、すなわちAの意味Bだけが立ち現われるのである。こうして、想起や再認において立ち現われるBは、たしかに（本物のコピーではなく）本物であるが、それはB（意味）としての限りでの本物であって、MとRとを含むAとしての限りでの本物ではない。

とくに想起や再認の場面における「立ち現われ一元論」に対する違和感は、過去の対象Aはいまやそのときの物質MならびにMが位置する空間Rを欠いているにもかかわらず、「本物が立ち現われる」と語るところにある。一〇年前にAを構成していた物質Mはそれが位置する空間Rとともに消滅したのであり、MとRを欠いたAはやはり（普通の言葉遣いでは）本物ではないと言うべきであろう。

なお、大森が本物を考えるときに物質と空間とを捨象してしまうのは、そうした考え方が観念論の大枠のうちにあるからである。フッサールも同様であり、まず観念（ノエマ）という存在を確保し、次にその観念（ノエマ）が、知覚的場面で現われるか、それとも想起的場面で現われるか、という構図を採ってしまうのだ。こうした構図のもとでは、知覚の対象と想起の対象とは「同一」なのであり、ただその同一の対象をとらえる作用（知覚と想起）が異なるだけなのである。

大森の「立ち現われ一元論」の魅力と奇妙（異様）さは、まさに想起の場面にある。知覚においては、いかに遠方の対象も、〈いま・ここ〉に立ち現われている限り「ある」と語ることに違和感はない。知覚の対象は〈いま〉「ある」とみなされているからである。しかし、想起の対象は「もうない」とみなされているのであるから、その「もうない」はずの本物が〈いま〉立ち現われることに、われわれは大いなる違和感を覚えるのだ。

反省してみるに、こうした違和感は、想起される物質Ｍとそれが位置する空間Ｒとをまとった対象Ａが〈いま〉現われる点にあるのであって、ＭとＲとを脱ぎ去ったＡ、すなわちその意味ないし本質としてのＢが〈いま〉立ち現われるとすると、たちまち消えてしまう。だが同時に、Ｂは意味ないし本質として本来時間を超越したあり方をしているゆえに、Bが「過去から立ち現われる」と語る必要もなくなってしまうことに気づく。「本物が立ち現われる」という語り方は、立ち現われるものが物質を伴うからこそ現実感のあるものであったのだが、そこから物質が脱落してしまうと、この語り方そのものが現実感を失い、空転してしまうのだ（Aの「笑い顔」という意味だけが過去から立ち現われるとはどういうことか？）。こうして、大森は、想起において「A自体が立ち現われる」という語り方を撤回すると同時に、私が〈いま〉そのつど「Aという意味」を付与するという方向に大きく舵を切り、「過去の制作論」に至ることになる。そして、わずかに〈いま〉「立ち現われる」限りで「ある」とみなしていた過去は、「まったくない」という恐るべき洞察に達したのだ。

過去の制作論への転換

「立ち現われ一元論」においては、大森は直線時間さらに四次元連続体としての物理学的世界の存在をそのまま認めていた。しかし、あくまでも四次元連続体としての客観的世界は「いま」立ち現われる限りで「ある」。大森は、このことを次のように語っている。

一刻の中断もなく常に、時空四次元の全宇宙が立ち現われているのである。過現未の三世から「現在」だけを切りとることはできない。「過去」も「未来」もフッサールの言葉で〝gegenwärtigen〟すなわち「現前」しているのである。(8)

「立ち現われ一元論」は物理学的世界像を否定するわけではなく、それと両立すると大森は確信していた。〈いま〉眼前の光景Lが立ち現われることは、Lを時間的・空間的に包み込む四次元連続体Uが立ち現われることにほかならないのであるから、過去に限定すると私が〈いま〉Lを知覚しているときに、Lが知覚的に立ち現われると同時に、過去が「思い」として立ち現われるのである。そして、両者ともに本物が立ち現われているのだ。大森は——ここが微妙なところなのだが——、「立ち現われ一元論」において「思い」としてのみ立ち現われる過去に、なお「実在」という意味を付与している。言いかえれば、大森はここで「実在」の意味内容を転換したのである。

なお、この場合、「実在」という意味の中核に「空間的広がり」があることに注目しなければならない。たしかに、眼前の光景Lは〈いま〉は現に広大な空間に包み込まれている。しかし、Lが「思い」としての四次元連続体Uに包み込まれているとはいかなることであろうか？　それは、過去や未来を含む全宇宙が「空間的に広がっている」ということにほかならない。すなわち、大森が「思い」の立ち現われを導入するとき、それは単なる意味の立ち現われではなく、やはり本物の立ち現われなのだから、現在の宇宙のみならず、過去や未来の宇宙もまだ〈いま〉空間的に広がっていると考えることになるのだ。

しかし、「過去の制作論」に至って、大森は、過去の事象それ自体が〈いま〉「思い」として立ち現われることとさえないことに気づき、――興味深いことに――同時に「実在」という意味をそこから剝奪する。過去の事象は〈いま〉立ち現われるのではなく、私が〈いま〉言語的に制作（意味付与）する限りで「ある」だけなのだ。

「立ち現われ一元論」から「過去の制作論」へとどのような転換が起こったのであろうか？　それは、微妙に見えて大きな転換である。すなわち、両者とも〈いま〉しかないという共通了解を有しながら、前者の場合、「立ち現われる」という表現を維持する限り、その言葉の響きは、想起あるいは再認の内容Aが「何かから」立ち現われるという印象を与える。たしかに、大森は、Aが過去自体「から」立ち現われるのではないと言うであろうが、Aが本物であって単なる意味でないとしたら、Aはその過去の空間的広がりをもって、かつ過去の物質的充足をもって立ち現われるのでなければならない。しかし、一〇年前のAを包み込んでいた一〇年前の空間と、一〇年前のAを構成していた一〇年前の物質が〈いま〉立ち現われるはずがない。

大森の言う「本物」は物質と空間とを欠いているのであり、その場合「本物」とは本物の写真と同義である程度に軽いものであろう。こうして、想起的・再認的立ち現われが「思い」としての立ち現われにすぎず、過去のAを想起することは過去にAを包み込んでいた空間もAを構成していた物質も排除して成立しているのであるとすれば、本物のAが「立ち現われる」ことは、〈いま〉私がただAという意味を「制作している（写真上にAという意味を付与している）」こととなんら変わるところはない。「立ち現われ」の原型は知覚的立ち現われであり、それが空間や物質を巻き込む限りで、すなわち電磁波や粗密波の運動を取り込む限りで整合的に理解されうるのだが、それが想起や再認に拡張されたとたんに、空間や物質を伴わない空虚な立ち現われとなってしまった。ここに至って、「立ち現われ」は不適合な言葉となってしまった。知覚の立ち現われを「思い」の立ち現われに拡大することによって、「立ち現われ一元論」は、一方で、すべての経験的現象を呑み込むことになったが、他方、立ち現われる「本物」は希薄化し、単なる「意味」へと転落していった。大森は、みずから墓穴を掘ったのである。

こうして、大森は――カントの言葉によれば、「自然な歩み」によって――、「過去の事象の思いとしての立ち現われ」を探究するとともに、「立ち現われ一元論」そのものを否定し、過去は〈いま〉私が制作する限りで「ある」、という洞察に至ったのだ。じつは過去の実在からの離脱は、「立ち現われ一元論」がすでに含意するところなのであるが、不思議なことに、大森は「立ち現われ一元論」においては、なお「立ち現われ」という言葉に固執し、完全に実在をふるい落とすことがなかった。だが、「立ち現われ」という言葉を「制作」という言葉で置きかえることができると悟った瞬間に、理論的にはほとんど変わらないながらも、世界に対する大森の「実感」が大転換したのではないだろうか？　過去はあらゆる側面から端的に「ない」ということが見えてきたのであり、大森はみずから驚き、「奈落が見えた！」と叫んだのである（『時間と自我』）。

過去自体と物自体

「過去の制作論」に至って、大森は過去自体をカントの物自体と重ね合わせている。

過去自体のこの誤解はまた、物自体の誤解と見事なまでに符節を合わせていると思えないか。想起体験で想起内容の知覚的図解に誤導されて過去自体という誤認が生まれたのにぴったり対応して、知覚経験での知覚風景の持つ鮮明で重量感のある存在感に誤導されて、物自体という経験に先行《ア・プリオリ》する何ものかの思いが生まれたのではあるまいか(9)。

大森は、過去自体と物自体とは「見事なまでに符節を合わせている」と言うが、そうであろうか？　超越論的観念論の内部構造は、大森が考えているよりはるかに緻密であって、時間の存在性格を有する過去自体とその存在性格を有さない物自体とを単純に重ね合わせることはできない。物自体には「過去」という時間的限定があってはならず、むしろ古典的実体概念に沿っている。すなわち、それは「神」や「魂」のように、それ自体、無矛盾概念であり、かつその概念それ自体から何らかの仕方で現存在が導き出される（みずからの現存在の原因である）ようなものである。その導出の仕方は、最も一般的な意味における「知的直観」なのであるが、カントによれば、われわれ人間は感性的直観しか有していないので、それは不可能であり、よって、物自体はただの無矛盾概念にすぎないということになる。

さらに、過去自体というときに、その意味は二重になっている。(1)強い意味での過去自体とは、いかなる観察者からも独立に「ある」過去であるが、(2)弱い意味での過去自体とは、さしあたり〈いま〉私に知られていないが、知ることのできる過去自体である。後者の過去自体は、カントの「現象＝観念」そのものであろう。その時間的・空間的広がりは、私が〈いま〉現に認識していることに限られてはいない。しかし、本来の過去自体とは前者の強い意味における過去自体であって、これをあえてカントのタームと重ね合わせれば、むしろ「理念」に該当するのではないだろうか？　過去自体は、その片鱗も実在的に（real）存在せず、ただ理念的に（ideal）存在するにすぎない。われわれが想起するたびごとに、想起の対象は〈いま〉あたかも過去自体から立ち現われるかのように立ち現われる。同じように、全過去世界は〈いま〉物自体から現象するのではなく（なぜ、未知の物自体から「現象する」などと断言できようか！）、あたかも物自体から現象するかのように現象するのだ。それは〈いま〉「不在」だという意味で現象であるが、「どこから」現象するかは不明である（カントはこれをXと呼ぶ）。その空所に「物自体」という概念を補充することはできる。しかし、それはあくまでも空所を充たす限りの概念、すなわち「理念」にすぎないのである。

いかなる物理学理論も、過去に戻って想起の内容と想起の対象（過去に起こったことそれ自体）とを照合できないのであるから、想起のたびごとに「現に過去自体から」立ち現われるということと、「あたかも過去自体からのように」立ち現われることとのあいだの説明能力上の差異、いうなれば認識論的差異はなくなる。差異があるのは、存在論的相違だけである。昨年が「あった」というとき、それが〈いま〉とは異なった仕方で、しかし〈いま〉と並んで、すなわち独特の実在性をもって「ある」ということと、それはまったく消滅し、いかなる実在性ももたないが、われわれがそれを「あたかも（現在とは別の仕方で）実在しているかのようにみなす」ということとの相違である。

この存在論的相違の中核に「空間」をめぐる存在論的相違がある。過去自体もまた〈いま〉と同様、現に「空間的に広がっている」のか、それとも完全に消滅し、その「空間的広がり」もまた単なる概念（意味）における広がりにすぎないのか？前者の実感を抱くのは難しいであろう。〈いま〉宇宙は一〇〇億光年以上の空間的広がりを有している。しかし、この〈いま$_1$〉が次の〈いま$_2$〉へと席を明け渡すとき、〈いま$_1$〉における巨大な空間的広がりは、その広がりを充たしている物質の転変とともに、一挙に消失してしまうのだ。〈いま$_2$〉においては〈いま$_1$〉において「あった」全宇宙は完全に消滅し、単なる概念（理念）に変じてしまったのである。そして、私が〈いま〉過去の事象Eを想起するとき、私はこうした過去自体の中に「うずくまっている」Eをそこから引っぱってくるのではなく、ただ新たにEに「もうない」ないし「あった」という不在の意味を付与しているだけなのである。

物理学は、現在広がっている空間のみならず、過去の空間や未来の空間も「ある」とみなすのであるが、このすべては、単なる一つの説明方式であり、いうなれば一つの「世界像」にすぎない。現在のみ空間は具体的に「広がっている」のであって、過去の空間も未来の空間も実在せず、それは単なる概念（意味）にすぎないとしても、物理学は同じように成立しうる。アウグスチヌスの言うように、「まだない」時間や空間、「もうない」時間や空間は、原理的に測れないのである。

とはいえ、四次元連続体という実在的・客観的世界は、われわれ言語を学んだ有機体の実感の深くにまで喰い込んでいる。そして、過去は〈いま〉まったく消滅し、〈いま〉を超えて延びる客観的時間や客観的空間は単に理念にすぎないという世界像は、実感に基づいて拒否されることになる。なぜなのか？　ここに、「自己同一的な意味構成体」というものが浮かび上がってくる。

3　超越論的観念論

自己同一的なもの

「保存されている過去」という実感を支えているのは、物質の連続的変化ではなく、その変化にもかかわらず持続しているとみなされる「自己同一的なもの」である。それは、物体とも運動量ともエネルギーとも呼ばれる多様なあり方をしているが、ここでは、「物体」を代表例に選んで論を進めていこう。

カントによれば、現象における実在的なものは、一定の時間的・空間的位置を占め、その内部が空虚ではない（何らかの質量をもつ）物体K_1でなければならない。しかもK_1は独立に世界に存在しているのではなく、物理法則の網目を介して現象における他の諸物体との相互関係になければならない。これらの条件を充たす限り、K_1は、その内部を形成する物質が絶えず変化しているにもかかわらず、「自己同一的な物体」とみなされる。すなわち、カントが考える現象は（アモルフな物質からではなく）、はじめからさまざまな自己同一的な物体から成立しているのだ。その限り、時間・空間はそれらの物体を測定する能力をもたねばならず、ここに時間は各物体の自己同一性を保存するような時間でなければならず、すなわち時間t_1、t_2、t_3、t_4、t_5のあいだ、K_1が自己同一性を保つとすれば、時間自身も、t_1、t_2、t_3、t_4、t_5のあいだ、自己同一性を保つものとして、「まだない」のでも「もうない」のでもなく、「ある」のでなければならないのだ。

だが、先に見たマクタガートの「時間非実在論」は、物体の自己同一性を保持しながら、時間の自己同一性を承認しないことに由来する理論である。すなわち彼は、物体K_1がt_1、t_2、t_3、t_4、t_5のあいだ、自己同一的に「ある」ということは承認できたとしても、時間自身が、そして時間的世界（現象）自身が、t_1、t_2、t_3、t_4、t_5を通じて（物体のように）自己同一的に「ある」ことは承認できない。時間を通して物体的に自己同一性を保つもののみが実在するゆえに、時間それ自体は時間を通して物体的に自己同一性を保つことができず、よって、みずからのうちに矛盾を含み、実在しないことになるのだ。もし時間それ自体あるいは現象がt_1、t_2、t_3、t_4、t_5を通じて（物体のように）自己同一性を保つとすれば（C系列）、それは、われわれの知っている時間ではなく、空間にほかならないであろう。

じつのところカントは、時間をほとんどC系列（空間）、すなわち現在・過去・未来の差異を時間直線上の位置へと翻訳することによって、マクタガートの提起した問題をすり抜けている。そして、カントにとっては、時間と並んで空間もまた自己同一的な物体の一種にすぎないのだ（巨大で透明な容器?）。だが、はたして過去が現在同様、空間的に「広がっている」かどうかは、あらためて問われるべき問題であり、もし空間が意味構成体にすぎないのなら、過去は広がってはいないはずであろう。すなわち時間・空間・物体という三者のすべてが単なる自己同一的な意味構成体であり、過去はその物質や空間的広がりとともに〈いま〉完全に消滅してしまい、〈いま〉過去世界は時間・空間・物体という自己同一的意味が残留するだけであるとみなしても、いかなる物理学理論とも矛盾しない。

こう考えてくると、たとえA系列を時間に取り込んでも、必ずしもマクタガートのように、物体の実在性を保持し、時間の実在性を否定するという選択のみが開かれているわけではないことがわかる。マクタガートの視野にはないもう一つの選択が可能である。それは、それぞれの現実的〈いま〉のみを「ある」とし、未来・現在・過去を通じて実在するとされる時間・空間・物体という自己同一的な物を一挙に否定することである。とはいえ、それぞれの〈いま〉が、これらトリアーデに代わって実在するとは言えない。「実在」という言葉には、すでに時間における自己同一的なものという意味がこびりついているからである（ちなみに、時間自身も時間における自己同一的なものと解することができる）。

すなわち、この選択とは、実在を否定し、その場所を空白にしておくことである。

言いかえれば、これらトリアーデを否定するといっても、それらを現象から完全に排除するわけではない。むしろ、これらを自己同一的な単なる意味構成物（一種の理念）とみなすのであり、その意味で非実在とみなすのである。世界（現象）には、時間において自己同一性を保ついかなる実在的なものもないのだ。物体をはじめとして、いかなる物理量も時間の経過（すなわち変化）において保存されるわけではない。自己同一性を保つもの、すなわち時間において保存されるのは、その「同一の意味」だけである。

しかし、それにもかかわらず、言語を学んだ有機体（カントの言葉では「感性的・理性的存在者」）には、実在的な物体ないし出来事が保存されているように見える（仮象）のであり、それらを秩序づける（測定する）時間も空間も（単なる意味としてではなく）実在するように見える（仮象）のである。こうして、カントによれば、カテゴリーは現象を超えたものに使用するときに仮象を生み出すのであるが、じつのところ現象に適用するときにも仮象を生み出すのだ。一つの時間と一つの空間によって秩序づけられた自己同一的物体の相互関係である「現象」を、それ自体として実在的であるとみなすとき、それは総体として「仮象」に転落するのである。

超越論的観念論と物質

カントによれば、人間の（広義の）理性には、客観的世界を可能にする形式が具わっていて、それは、時間・空間という感性の形式ならびにカテゴリーという悟性の形式である。その形式は、ア・プリオリであって、たしかに現象はさまざまな具体的あり方をするが、あらゆる現象はこの形式のもとにある。すなわち、一つの客観的時間・一つの客観的空間のうちにあり、カテゴリーの指定する判断形式（例えば、「すべての自然現象は何らかの自然原因をもつ」）のもとにある。しかし、注意しなければならないことは、こうしたア・プリオリな形式に関してのみ、「これまで」の世界が「これから」の世界においても維持されるのであって、具体的な自然科学の法則がそのまま維持されるということではない。未来永劫維持されるのは、ア・プリオリな形式だけであるが、自然は質料（物質）からも成っているのだから、物質を加えた自然法則のア・プリオリ性を保証するものはない。しかも、超越論的統覚をはじめいかなる形式にも物質を「供給」する能力はなく、物質は単に前提されているにすぎない。ということは、カントの超越論的観念論においては、いつでも物質の供給はストップして世界は消滅するかもしれないのだ。カントは物質が「供給」される〈いま〉に気づきながらも、それを直視しないことによって、ようやく超越論的観念論を維持することができたのである。

ここで重要なことは、〈いま〉新たなことが湧き出しているとは、新たなむき出しの物質が湧き出しているというのであって、一定の意味を担った物質が湧き出しているのではない、ということである。まったく新しい物質の湧き出し（物理学的・生理学的刺激）に対して、われわれがそのつど一定の意味を付与するのである電磁波に「赤」という意味を、別の電磁波に「青」という意味を付与するのであるが、これらの感覚を生じさせる物理的刺激＝物質はそのつど異なっている。ここで、一定の刺激パタンに対する感覚を「観念＝赤」と呼び、そのつどの現に眼を打つ刺激に対する感覚を「刺激＝赤」と呼んで区別すれば、われわれはそのつど異なった「刺激＝赤」に対して同じ「観念＝赤」を付与するのである。

ロックからカントに至る観念論の構図においては、世界の「底」にあるのは感覚であるが、それはじつのところ可能的な感覚、すなわち「観念＝感覚」である、単純観念とは「観念＝感覚」であって、世界はこうした単純観念の組み合わせから成っている。こうして、観念論においては、さしあたり「刺激＝感覚」は切り捨てられ、「観念＝感覚」だけ掬《すく》い上げられるのであるが、同時に感覚の背後には物質があるとみなされる。しかし、物質は可能的な感覚（観念＝感覚）を現実的な感覚（刺激＝感覚）へと変換させるときに（のみ）必要とされるにすぎないのだ。カントは物体を中心にして実在性を規定するという方針を採ったのであるが、それは人間悟性（理性）の本性による。これは充分な説明になっているが、そのとき同時に物質の地位が不明確になってしまった。カントの認識論を隅々まで検討しても、質料の役割並びに形式と質料との関係は不明である。単なる人間理性に由来する形式が、なぜ人間理性とは異質の物質をも完全に掌握し支配しうるのか、まったくわからないのである。『純粋理性批判』においても「物質との格闘」は随所に見られる。

物質がどのような物自体そのもの（超越論的客観）であるかは、なるほどわれわれにはまったく未知であるが、それにもかかわらず、現象としての物質の持続性は、外的なものとして表象されるのであるから、観察されうる。(10)

物質は現象的実体（substantia phenomenon）である。物質に内的に属するものを、私は物質が占める空間のあらゆる部分に、また物質がなすあらゆる作用に求めるが、それらの諸作用は、もちろん常に外的感官の現象にすぎない。（中略）しかしまた、純粋悟性から見て物質に端的に内的なものは、ただ奇妙なものにすぎない。(11)

ここで、「物質」の原語は"Materie"であって、「質料」とも訳されうることに注意しなければならない。そのことを考慮すると、少なくとも『純粋理性批判』当時のカントは、「質料」は外的直観を充足し（すなわち、時間・空間形式のもとに秩序づけられ）、物理学的保存量である限り、とくに「物質」であって、その限りでは「現象的実体」である、という見解を抱いていた。そして、それ以外の質料自体の内的本性は、われわれには未知である。だが、質料＝物質をこう二段階に分けても、われわれが創造したわけでもなく、単にわれわれに「そと」から与えられた物質が、なぜわれわれ人間の悟性や感性の形式に従いうるのか、という問いに対する本質的な答えにはなっていない。たとえ因果律のカテゴリーが人間悟性の「うち」に源泉をもつことを認めたとしても、物質の参与している具体的な諸現象が、こうした源泉をもつカテゴリーに従いうるのかは説明できないのである。

カントは、この問題の重要さを十分承知していて、『純粋理性批判』の「演繹論」において、努力の限りを尽くしている。だが、その解答は、あらゆる物体はカテゴリーに従うのみならず、やはり人間感性に起源を有する時間・空間の「うち」にあり、すなわち、自然は物自体ではなく「現象（われわれ人間にとってのもの）」であるから、人間悟性に起源を有する因果律のカテゴリーは自然に適用できる、というものであった。この解答からは、全物質がするりと抜け落ちている。悟性の形式である因果律が感性の形式である時間・空間とともに現象を可能にする、という「演繹論」の解答は、物質を完全に無視することによって成り立っている。実際、カントはこの解答に満足しなかった。以後、死ぬまで彼は、質料＝物質にこだわり続けるのである（が、この問題は本書のテーマを超えるので、これ以上立ち入らない）。

超越論的現象学と物質

（広義の超越論的観念論である）フッサールの超越論的現象学においても、物質は「水面下の」機能を果たしながら、彼は徹底的に物質を「括弧に入れて」記述しているために、対象とその現象との関係は難問らしき相貌を帯びてくる。典型例として、有名な「ノエマとしての樹木と対象としての樹木」との差異性を挙げてみよう。

そこに一本ただ生い茂っているだけの単なる樹木自体、それは自然の中の事物だが、それは、そのつどの知覚に知覚意味として切り離し難く属しているところの、あの、樹木として知覚されたものそのものでは断じてない。樹木自体は、丸焼けになったり、その化学的要素に解体したり、等々することができる。ところが、意味というものは——すなわち、この知覚の意味、つまり知覚の本質に必然的に属しているものは——、丸焼けになることができない[12]し……。

ここに、「樹木自体」とその「知覚意味」との差異が難問の様相を呈してくる（きわめて微妙な差異に見える）が、その理由は、超越論的現象学があらゆる物理学的事物の現存在を「括弧に入れる」ことによって開始しているからである（現象学的還元）。それはとりもなおさず物質を「括弧に入れる」ことであり、物質を「括弧に入れて」しまったゆえに、「論理的に」超越論的現象学における対象は、物理学的事物としての樹木ではなく、その意味にすぎなくなってしまうのだ。「樹木自体」とは、本来物理学的事物にほかならないのであるが、それから物質を「括弧に入れる」ときに、現出する「樹木自体」とは何であろうか？　「括弧に入れる」とは抹消することではないとしても、その手続きを経た「樹木自体」とは、概念上は「知覚意味」と区別されているようであるが、それは「樹木自体」という「意味」でしかないのだ。しかし、フッサールは物理学的事物としての樹木を「横目で睨みながら」、あらためて「樹木自体」を「知覚意味」プラスその「現存在」という加算によってとらえ直そうとする。こうして、樹木の「知覚意味」のいわば背後に「樹木自体」がぴったり寄り添って現存在すると考えてしまうのであり、こうすると「現存在」とは単なる記号にすぎなくなり、両者の区別は観念的・抽象的なものにとどまってしまう。

このすべてが空虚な構図である。「樹木自体」とは「知覚意味」に抽象的にその現存在が付加されただけのものではない。そうではなく、そのうちに「物質」が参入したものなのであり、しかもそれを充足する物質は刻々と転変する。まさにこの絶えず湧き出しては消えていく物質に、現存在する一本の樹木は支えられているのであり、それを捨象してしまうとき、「樹木自体」は現実的な物理学的事物としての樹木ではなく、「知覚意味」に「現存在」が加えられただけの抽象物（やはり一つの意味）になってしまうのである。

フッサールは同じ『イデーン』の第四篇第二章「理性の現象学」において、「結局、物質的実在が、最低の段階として、他の一切の実在の根底に存する」[13]と語っているが、現象学の開始において物質を「括弧に入れ」、現象学の成果が得られてから、あらためてその物質を取り戻すという方法は、稔りがないであろう。一度排除した物質は、あとで取り戻すことができない。ここには、何ら「深い」問題が横たわっているのではない。ここには、アリストテレス以来の「形相＝質料」という二元論が前提されているのであって、現象学的還元とはじつのところ形相的還元にほかならないからである（形相にのみ注目する還元が形相的還元であり、質料を排除することに注目する還元が現象学的還元である）。

カントやフッサールは、質料を視野から取り除き、形相（形式）のみ見て進んでいくのであるが、世界は物質からも成っているのであるから、物質はきわめて扱いにくいものとして問題であり続ける。そして、最後まで物質の問題に悩まされながら、明確な解答を手にすることはなかった。世界（現象）は形式のみならず質料からも成っている。しかもその質料は刻々と新たに湧き出すのであって、物理学の諸法則という形式がこれを「湧き出させている」のではない。物理学の諸法則をいかに吟味しても、そのような威力を有していないことは明白である。彼らはここに「深淵」を見たのではなく、「超越論的観念論」という構図に物質（質料）がおさまる場所がないだけなのだ。物体の背後にある物質を探っていくと、絶えず物質が消滅し、絶えず新たな物質が「湧き出す」現場に至るが、それは人間理性がいささかも制御できない場所なのである。

物体と物質とのあいだ

以上の考察を踏まえて、本章の最後に、物体と物質とのあいだに大きく広がる「溝」を確認しておこう。物質の変化を記述する物理学の法則は、過去が（数直線上に）保存されていることを保証するものではない。たしかに、物理学は「自然の斉一性（uniformity of nature）」を前提し、「これまで」通りに「これから」も何らかの斉一性を保って世界が実現されることを前提して構築されている。しかし、反省してみれば直ちにわかる通り、物理学の法則があらゆる過去の物質を正確に過去の数直線上に位置づけることができるにしても、その過去の物質が〈いま〉保存されていることは導けない。あらゆる過去の物質を正確に過去の数直線上に位置づけたままで、それらが〈いま〉完全に消滅していることは（過去に戻って確認することが原理的にできない以上）可能なのである。

カントは、ア・プリオリな思考形式とア・プリオリな直観形式との合致によって現象の実在性が保証されるとみなしたが、この枠組みそれ自体が、（物理学的）物体を実在性の基本に据えるという考えに基づいている。時間・空間とカテゴリーは「経験（現象）を可能にする条件」と呼ばれるが、これらは、（物理学的）物体を保証する条件にほかならない。諸物体の連関によってとらえられる世界こそが実在的世界であって、この場合、「物質」は微妙な（奇妙な？）位置に押しやられる。物体には物質がもともと参与している（でなければ、それは空虚な幾何学図形であろう）のであるが、諸物体の連関において物質はどのような役割を果たしているのか？　それは、もともと前提されているのであって、超越論的観念論の「うち」ではすでに前提されたもの、しかも厳密な意味で物自体でも理念でもない、という据わりの悪い位置にある。

ここで、カントに倣い（『自然科学の形而上学的原理』）、自然を「形式的観点から見た自然（natura formaliter spectata）」と「質料的観点から見た自然（natura matelialiter spectata）」とに分けてみよう。すると、『純粋理性批判』で論じられているのは「形式的観点から見られた自然」のみであり、「質料的観点から見られた自然」は完全に視野の外にある。カントはア・プリオリな自然法則を承認するにあたって、質料＝物質を考慮しないことを選んだのだ。これは、自己同一的物体を実在性の基準にし、その物体が持続しているあいだも絶えず変化している物質を、実在性の基準にしないということにほかならない。

時間という観点から見れば、自己同一的物体は、その内部の物質の変化にもかかわらず、一定の時間間隔でずっと「実在」していることになる。そして、その自己同一的物体は、あるときに自己同一性を保てなくなると、「あった」というあり方へと移行していく。こうして、地球Eは四六億年前に生じ、たぶんあと数十億年のあいだ自己同一性を保ち、金閣寺Rは、五〇〇年前に生じ、あとたぶん数百年のあいだ自己同一性を保ち、私である人間Nは七〇年前に生じ、あとたぶん十数年あるいは数年のあいだ自己同一性を保つわけであるが、Ｅはたぶん数十億年後に、Ｒはたぶん数百年後に、Ｎはたぶん十数年後ないし数年後に、「ある」というあり方から「あった」というあり方に変わる。

この場合、直線時間が前提されているので、Ｎはたぶん数年ないし十数年は「ある」というあり方で時間直線上にとどまり、その後は「あった」というあり方で時間直線上にとどまる。Ｒはたぶん数百年後までは「ある」というあり方、その後は「あった」というあり方に変わって時間直線上にとどまる。Ｅはたぶん数十億年後までは「ある」というあり方、その後は「あった」というあり方に変わって時間直線上にとどまる。こうして、実在的なものは何ものも消滅しないのであり、ただ時間直線上の適当な位置を境に、「ある」というあり方から「あった」というあり方に変わるだけである。

ここで、実在性の基準として、（物体ではなく）物質を採ったらどうなるであろうか？　連続的に「ある」物質を、説明の簡明さのゆえに、物質M_1、物質M_2、物質M_3を微小時間単位において「ある」物質とする。すなわち、それぞれの物質はその微小時間単位を過ぎると単純に消滅してしまい、次の物質に存在を明け渡す。その場合「地球」や「金閣寺」のような自己同一的なものは単なる「意味」にすぎない。

M_1が「ある」時間をΔt_1、M_2が「ある」時間をΔt_2、M_3が「ある」時間をΔt_3とすると、M_1はΔt_1が過ぎると完全に消滅して、それに代わってM_2が登場し、M_2もΔt_2が過ぎると完全に消滅し、M_3が登場するだけである……そこには、Δt_1、Δt_2、Δt_3を通じて「ある」ような自己同一的な実在的なものはない。M_1はΔt_2において過去に「移行した」わけではなく、M_2もΔt_3において過去に「移行した」わけではない。それぞれ完全に世界から消滅したのである。そして、新たな物質が湧き出している〈いま〉、私は、それら不在なものとの連関において、すなわち、それらが「もうない」という直観に支えられて、まったく新たに「地球」や「金閣寺」という自己同一的意味を付与しているだけなのである。

第三章　現在が「ある」とはいかなることか？

1　アリストテレスの〈いま〉

知覚する時としての現在

前章において、「過去」とは自己同一的な意味構成体である時間・空間・物体というトリアーデが、われわれに「実在する」と思い込ませているものにすぎないことを見てきた。過去は、カントの用語を用いて言いかえれば、「現象」にほかならない。しかし、新たな物質が絶えず湧き出す〈いま〉だけはその構図の「うち」にはおさまらない。

本章では、あらためて現在が「ある」とはいかなることかを探ることにしよう。まず素朴な問いを発してみる。現在とは知覚している時なのか？ このことを、われわれはいかなる権利で言えるのか？ この一見単純そうな問いにも、循環に陥らないように答えるのは難しい（以下、「現在」という概念は過去や未来と並ぶ時間様相という意味が濃厚であるので、それが特権的な時であることを示すために、これまで通り〈いま〉という表記を使う）。知覚している時が〈いま〉であるか否かにおいて一つ問題になるのは、遠い天体のようにきわめて遠方の対象の知覚である。太陽の光が地上に届くには八分半かかる。このとき、私が〈いま〉見上げる太陽は八分半前の太陽なのか、それともまさに〈いま〉の太陽なのか？ もし前者の語り方に従う場合、「過去の対象」を〈いま〉見ていることになるのだろうか？ 大森荘蔵はこれを肯定し、「過去透視」という概念を導入した。

光差だけの、太陽ならば8分半だけの、月ならば一秒と少しだけの、距離に比例して遠い、近い、過去が今現在見えている、ということである。そして当然、今見えている太陽や月の位置は、それぞれ8分半と一秒少し以前の太陽と月があった過去の位置なのである。(14)

これは物理主義に傾斜した見解であって、通常の「過去」の意味からははなはだしく逸《そ》れる。「過去透視」を認めると、すべての知覚は多かれ少なかれ時間がかかるのであるから、私は総じて過去を見ていることになってしまうであろう。そして、いかなる知覚であれ、「何かを〈いま〉見ている」という命題は偽となってしまうであろう。ベルクソンは次のように言う。

そして、われわれがこの現在を、現実存在するものと考えているときには、それはすでに過ぎ去っている。（中略）光についての可能な限り最も短い知覚が持続するほんの一瞬の間に、何兆もの振動が生じていたのであり、その最初の振動は最後のものから、桁外れに多く分割される間隔によって区別されている。(15)

ここに問われているのは、物理学言語と日常言語とのうち、どちらが「正しい」かということではなく、そもそも「いま」という言葉が物理学言語にふさわしくないということなのである。あらゆるところに見られる誤解であるが、時間の微小単位Δtが〈いま〉なのではない。「過去透視」もこの誤解の上に築かれた理論である。太陽の表面から光が発したのはt_1であり、それを地上で私が受信したのはt_2であって、そのあいだには八分半の時間がかかっている。物理学的には、これで太陽表面から地上の私の瞳孔への光の伝播は語り尽くされており、さらに「いま」や「過去」という概念をもち込む必要はない。だが、ここに「知覚は現在生起する」という「自明な」命題が侵入してきて、「太陽を見ている時(t_2)」を「現在」へと翻訳し、さらに「t_2以前は過去である」というもう一つの「自明な」命題が侵入してきて、「太陽の光が発した時(t_1)」を「過去」へと翻訳し、こうして「私は過去の太陽を現在見ている」という命題が生成してしまうのだ。

しかし、「見る」とは、単に光が瞳孔に入ることではなく、対象に知覚的意味を付与することである。そのさい、「見えるもの」は過去の対象自体ではなく、「〈いま〉もうない」不在の対象なのだ。よって、私は太陽を見上げるとき、光り輝く黄金の火の球という現在の意味を付与し、同時にその同じ火の球に他から得た知識に基づいて、「八分半前にその表面から発した光」という科学的意味、すなわち不在の意味を付与している。博物館における眼前のガラスケースに納められているミイラに「薄汚れた焦茶色の死体」という現在の意味を付与しながら、他から得た知識に基づいて「五〇〇〇年前の（に作られた）ミイラ」という不在の意味を付与しているのだ。われわれの知覚世界の光景は、この意味で「過去の意味」にあふれており、それをすべて「現在の意味」に限ってしまったら、知覚世界は現に見えるようには見えないであろう。

限界としての〈いま〉

〈いま〉は、数直線上の一点あるいは微小単位を表わすものではないが、〈いま〉を時間の限界ないし微小単位とみなす見解（誤解）も根絶されることはない。むしろ、〈いま〉をゼロないし微小な時間単位とみなす誤解が、西洋哲学史を通じてアリストテレスからフッサールまでえんえんと続いてきた。そして、その理由はある。それは、時間を物体の運動と不可分なものとみなしているからであり、多様な運動を厳密に計測する能力を時間の基本性格として認めているからである。

運動競技では「いま」は一〇〇分の一秒にまで微小化し、ミクロの世界ではさらに微小化しうる。時間はいかなる微小な時間位置の差異をも示さねばならない。こうして、あらゆる二つの異なった現象XとYにおいて、XはYより「より先」か「同時」か「より後」かのいずれかでなければならない。この要請は、いかなる短い時間幅においても認められねばならず、それに応じて両者の差異性を保証するためにいくらでも微細な〈いま〉が用意されなければならない。どこまでも運動に視点を合わせながら、アリストテレスは〈いま〉を(1)「それ自体として第一義的な意味で言われる」場合と、(2)「他のものについて言われる」場合とに分けている。

他のものについて言われるのではなくそれ自体として第一義的な意味で言われる

〈いま〉も、不可分割的でなければならない。というのは、過去にはある末端があり、さらに、未来にもある末端があるから。だからして、われわれは、それを両者の限界である、と言うのである。(16)

これを「本来的〈いま〉」と「非本来的〈いま〉」と呼び直せば、本来的〈いま〉は、分割可能なものではなく、分割不可能なものであって、時間の部分ではなく、過去と未来とを区別する「限界」である。本来的〈いま〉とは、一つの運動の開始点あるいは終止点であって、幅がないのだ。だが、アリストテレスは、「他のものについて言われる」〈いま〉、すなわち非本来的な〈いま〉を幅のあるものとみなしている。

まず、本来的〈いま〉について考察するに、アリストテレスが、それには幅がないということにこだわるのは、「連続」と「接続」との区別にこだわるからである。AとBとが連続であるとは、Aの端とBの端が一点で重なることであり、接続であるとは、Aの端とBの端が二点で隣り合っていることである。運動は連続であり、空間も連続であって、時間も連続でなければならない。よって、物体Kが静止している時間Z_1の端は、Kが動いている時間Z_2の端と一点で重なっているのでなければならない。それが時間Z_1と時間Z_2との「限界」であって、すなわち、本来的〈いま〉である。

このさい、抵抗を覚えるのは、ゼロにおいて運動が開始するということである。だが、正確に読み解いていくと、アリストテレスは運動の開始点においては「運動もなく、静止もない」と言っているのであって、これを「有限な量の運動でもなく、ゼロの運動でもない」と言いかえることができ、アリストテレスの場合、ゼロと無限小とが区別されていないゆえに、これを文字通りのゼロではなく「無限小」と解することができる。

また、〈いま〉を線分ℓ_1や線分ℓ_2の端として、客観的世界の側に配置するから、違和感が生ずるのであって、それを意識作用の側に配置すれば、違和感は消える。〈いま〉とは、時間の端なのではなく、時間に「端をつける作用」なのであり、サルトルの言い方を借りれば、昨日と今日とのあいだは「無によって区別されている」のである（『存在と無』）。

こう語ることによって勝手に「現象学的要素」をもち込んだというわけではなく、じつはアリストテレスの時間論も、意識作用に似た側面を有している。ここで、有名な「運動における先後の数」という時間のとらえ方において、運動を数えるものとして「魂（psȳchē）」が登場してくることを想い起こそう。

〈いま〉が前の〈いま〉と後の〈いま〉との二つであるとわれわれの魂が語るとき、そのときにまた、われわれは、これが時間であるというのである。(17)

こうして、〈いま〉を数えるのは、魂＝私であって、「時間とは運動の前後の数である」とは、「時間とは、運動が前の運動B_1と後の運動B_2とに分けられるときの数である」と書きかえられる。そして、運動はどこまでも微小な運動が考えられる。よって、運動Aの終点が運動B_1の時間の端であり、それがすなわち運動Bの始点であり、運動B_2の時間の端であるが、さしあたり本来的〈いま〉は運動Aの始点である。魂が〈いま〉を「数える」とき、〈いま〉は非本来的〈いま〉すなわち運動Aに呼応する単位としての〈いま〉に転じる。〈いま〉は本来的に時間と対立する時間の「限界」であるのだが、それを魂が「数える」ことによって、非本来的に時間の「中」に時間間隔（時間単位）として忍び込む。いったん時間の中に侵入してしまえば、あとは魂が運動の前後をどこまでも微小にしていくとき、〈いま〉は極小の単位となるのだ。なお、アリストテレスが挙げている「時間の非存在論」は、古典的なもの（?）であろう。

時間の或る部分はあったが、〈いま〉はもうあらぬ、だが、他の部分は、まさにあろうとしているが、なおいまだあらぬ。しかも時間は、（中略）これら〔あらぬものども〕から合成されている。だが、誰でも、あらぬものどもから合成されたものが、実在性を分有するということは不可能なことと考えていよう。(18)

この箇所は、〈いま〉は時間の部分ではないから「あらぬ」ということが前提されている。すなわち、過去は「もうない」、〈いま〉は「ない」、未来は「まだない」というわけであり、こうした「あらぬものども」から成り立っている時間が「ある」とは言えない、というわけである。

この「時間の非存在論」の根っこは、〈いま〉の非存在論である。先に述べたように、アリストテレスは、本来的〈いま〉を「限界」とみなしたが、その場合、ゼロと無限小との差異はあいまいであった。ゼロでも有限な量でもない無限小をその固有の意味で「ある」とみなせば、「運動でも静止でもない」〈いま〉は「ある」と言っていいことになる。

そして、こうした幅のない本来の〈いま〉を魂が「数える」ことによって、非本来的ではあるが、〈いま〉はごく自然に微小な時間単位Δtへと推移する。その場合、この本来的〈いま〉と非本来的〈いま〉に関する理論のすべてが、時間とは無限の点から成る直線であるという直線的時間像によって補強されている。しかし、こうした時間理解に抵抗する一群の哲学者たちがいる。

微小な〈いま〉

バークレィ（『人知原理論』）やヒューム（『人間本性論』）は、〈いま〉もまた経験（知覚）されねばならないと考え、「ミニマム・センシブル」を想定した。アリストテレスの枠内で見直せば、彼らは非本来的〈いま〉のみを〈いま〉としたのである。これに呼応して、彼らは時間微分という算定方式を否定した。無限小の物理量を無限小の時間量で「割って」有限な値が出るはずがないからである。彼らのこうした見解は、そのままフッサールに受け継がれる。フッサールは現在を「原印象（Urimpression）」と呼び直しているが、そのモデルは楽曲の中の一つの音が与えられる時であって、やはり「微小な知覚可能な単位」である。フッサールは時間研究をさしあたり「内的時間意識」に限定した。このことにより、意識に現われてくる時間しか研究の対象ではなくなるのであって、当然のこととして限界としての〈いま〉は排除されることになる。「音」は（たとえ無限小であろうとも）幅のない〈いま〉、聴こえるはずはないであろう。こうした知覚に基づいた「内的時間意識」

としての時間を、実数無限の直線表象に基づいた客観的時間に接続することがフッサールの時間研究の最終課題であったが、それは結局のところ成功しなかったように思われる。

デリダは、一つの音T_1も、T_1の鳴っている一つの〈いま〉も、すでに自己同一的記号であり、そこにすでに無限に微小な差異性が介入している、としてフッサールに反論した(『声と現象』)。一つの〈いま〉における一つの音という同一性のレベルから思考を開始するのは、まさに「現前の形而上学」であり、「ロゴス中心主義」である。われわれは、むしろこの同一性を切り崩して、その「下に(うちに)」潜む差異性へと迫らねばならない。同一な〈いま〉は、はじめからそれ自身に遅れるという(「差延(différance)」)をそれ自身のうちに含んでいるのである。

これは、アリストテレスの幅のない「限界」としての本来的時間への舞い戻りではなく、〈いま〉と無限な点から成る直線表象に基づく客観的時間との接続が試みられているわけではない。むしろ一つの〈いま〉の「うち」には底なしの無限小が侵蝕していることの指摘であって、客観的時間を構成する《いま》は絶対的時間単位ではなく、いかに微小でもそれは「いま」という記号の自己同一性に依存しており、その限り、それを差異性が侵蝕しているという指摘である。ヘーゲルの言う「悪無限」が時間いや世界の根っこを掘り崩しているのであって、世界はこうした底なしの悪無限の上に砂上の楼閣よろしく建っているのである。

アリストテレスからデリダまで、さまざまな議論が展開されているように見えるが、結局〈いま〉は限界としての幅のない時なのか、それとも有限な幅のある微小単位なのか、という論点に集約されよう。だが、ここで反省してみると、〈いま〉をゼロないし微小単位とみなしてしまうのは、直線によって表わされる客観的・物理学的時間モデルを受け入れてしまっているからではないのか？　時間は直線であり、それは実数無限の点から成るのであるから、その線における現在はその直線における「微小な長さ」でなければならないというわけである。

拡大収縮する〈いま〉

しかし、直ちにわかるように、微小な時間単位としての〈いま〉すなわち《いま》は、われわれが了解している「いま」という言葉の意味のごく一部をなすにすぎない。〈いま〉は、そのつどの関心によってほとんど無限小から無限大まで拡大収縮するのだ。「いま」はほとんどいかなる長さにも収縮しうるのであって、「いま」という言葉は、一定の時間の長さ（時間単位）を表わしていないことがわかる。私が「いまや夏休みだ」と言う場合は、〈いま〉は一カ月から二カ月も続き、「いまは失業中だ」と言う場合は〈いま〉は一〇年を超えるかもしれず、いやそればかりか、「いまは地上では人類が繁栄している」と言う場合は、〈いま〉は数十万年にも及ぶ。そして、「いま宇宙は膨張している」と言うときは、〈いま〉とはじつに一三八億年に及び、ビッグバン以来ずっと〈いま〉なのである。〈いま〉は語り手のそのつどの関心によって自由自在に拡大収縮するのであって、時間の客観的単位ではない。

もちろん、それでも〈いま〉は必ず、「限界」あるいは無限小としての《いま》を含まねばならない。アリストテレスに戻って、「一つの運動が持続しているあいだ」が「一つの〈いま〉」であるとすると、こうした語り方は、何を「一つの運動」

とみなすかにかかっている。ある話者は、原子核内の粒子の運動を一つの運動とみなし、それに応じて一つの〈いま〉を現出させているのに対して、宇宙物理学者は、宇宙の膨張を一つの運動とみなし、それに応じて一つの〈いま〉を打ち立てているのだ。

それぞれの関心に従って〈いま〉の幅は異なるが、ある運動を「一つの運動」とみなすことは、その運動の内部を「運動していない」とみなすこと、いわば静止とみなすことにほかならない。「いまは夏休みだ」と語る子供は、「夏休み」という一つの運動（出来事）が〈いま〉生起していて、その一つの運動自体は運動しない（過ぎ去らない）ということを語りたいのだ。「いまは博士論文を書いています」とか、「いまは就職活動に忙しいんです」というように、われわれが日常的に〈いま〉と語るとき、その語られた内部を「一つの運動」とみなし、その一つの運動の内部は「運動していない」とみなしている。日常的言語使用を振り返ってみるに、「いま」とは微小な時間単位を意味する言葉というよりむしろ、それぞれの関心に基づいて、連続的運動から一つの運動を切り出し、その内部を運動しないものとみなすときに使用する言葉なのである。

以上の考察により、〈いま〉は互いに相容れない二つの性格をもっていることがわかる。

(1) 〈いま〉とは微小な時間単位であり、いかなる微細な物理的変化にも微小な〈いま〉が対応している。

(2) 〈いま〉とは、関心によって何を一つの運動（出来事）とするかにかかっており、それに応じて一つの〈いま〉も極小から極大まで拡大収縮する。

(1)の見解をとると、「いま」という概念はわれわれが使用している日常的意味から隔絶してしまう。われわれは一秒間のうち膨大な数の《いま》を体験していることになる。しかし、(2)の見解をとると、いかなる微視的現象も測定できる客観的時間の能力は保証されなくなる。われわれは、ジレンマに陥ったのか？　そうではない。アリストテレスからフッサールまでえんえんと誤解が続いたが、〈いま〉とは時間単位ではないのだ。それは、時間順序とは無関係なものである。微細な現象の差異を測定するには、客観的順序の決定が必要であるが、それは〈いま〉とは本来関係がない。いかなる微細なΔtも〈いま〉であるという了解に騙されているのであって、まさに物理学がそうであるように、客観的時間は〈いま〉を排除することによって成り立っているのである。

しかし、客観的時間は物質の変化を測定しているのだから、そして、変化とは「まだない」→「いまある」→「もうない」というあり方の変化なのだから、目に見える変化が生じているとき、自然にわれわれはここに変化の「前」という〈いま〉と「後」という〈いま〉とを、すなわち、単位としての〈いま〉を書き込んでしまう。以後、(1)を「知覚の〈いま〉」と呼ぶことにし、(2)を「語りの〈いま〉」と呼ぶことにしよう。

時間の空間化？

ベルクソンはアリストテレスの〈いま〉を研究して、「真の時間は空間化されていない」という方向に舵を切った。ベルクソンの時間論のキーワードである「純粋持続（durée pure）」は、アリストテレスの「限界」としての本来的〈いま〉に当たるのではなく、はじめから幅をもっていて、魂が「数える」ときに生ずる幅のある非本来的〈いま〉を、ベルクソンは「時間の空間化（時間でないものへの変身）」とみなした。ベルクソンは、アリストテレスには見られない「意識」を時間研究の中枢に据えて、アリストテレスの時間論すべてを改変したのである。

アリストテレスにとって、数える前の〈いま〉は、やはり「時間の」限界である。その場合の「時間」とは運動に密着していて、運動の開始や終止を意味づけるのだ。しかし、ベルクソンにとって、数える以前の〈いま〉は「純粋持続」という本来的時間であり、質的数多性を含みもつが外延的には広がりのない「一」である。魂がそれを「数える」ことによって、それは量的数多性に変貌し、それとともに時間は失われ、空間が現出するのである。

こうして、ベルクソンにとって、数えられた時間である非本来的〈いま〉は、アリストテレスのように時間の中に「もぐり込む」のではなく、もはや時間ではなく空間なのである。アリストテレスにおいては、〈いま〉と時間とは対極的ではあるが、非本来的〈いま〉という時間単位を通じて一つの時間を形成しうるが、ベルクソンにおいては、本来的〈いま〉（すなわち「純粋持続」）はそのまま本来的時間なのであって、非本来的〈いま〉による数えられる時間（客観的時間）の成立は、時間が時間でないもの（空間）へ変身することなのである。

さらに注意すべきであるが、ベルクソンが「時間の空間化」と呼ぶとき、それは文字通りの（現実的）空間化ではないことである。「継起的に打たれる遠方の鐘の音」[19]に関して、「大部分のひとは（中略）継起的な音を理念的空間のうちに配置しながらも、その際、自分は純粋な持続のうちでこれらの音を数えていると思い込むのである」[20]。ベルクソンの挙げているこの事例からもわかる通り、量的数多性からなる「継起的な音」は、文字通り一次元の物理学的空間上に並んでいるわけではない。それは、意識における「理念的空間」上に並んでいるにすぎない。しかも、それは過去における鐘の音であるから、過去の事象はその認識において空間化されると言っても、この全体は本来物理学とは関係がないはずなのである。

ベルクソンは現在をモデルに「純粋持続」を時間の根源的形態とみなすが、むしろ現在においてこそ、空間が文字通り「広がっている」ことを知らねばならない。現在において、時間は空間と一つになって四次元の広がりを形成しているのである。そして、物理学における計測は、いつも〈いま〉行われるのだ。〈いま〉、空間の時間微分によって（速度・加速度・運動量・エネルギーなどの）物理量が測られ、このことから基本的な物理法則が成立しているのである。ここにはなんら不都合なものはない。問題は、物理学が過去を表現しようとして、直線をもって「擬似空間」を描いてしまうことである。時間の空間化一般ではなく、このように過去が空間的に「延びている」のか否かが本来問われるべきことである。そして、それは疑わしい。われわれが手にしているのは、一定の現象が次々に起こっては消えていくという仕方で、過去が「あった」ということだけである。それら諸現象が擬似空間である直線上に「並んでいる」ことは単なる想定であり、説明のためのピクチャーである。というのも、過去時間の形態が「本当に」こうなっているのかどうか、調べようがないからである。

過去がとどまっているとしても、直線を使用しないピクチャーも（困難であるが）可能であろうし、過去は〈いま〉完全に消滅したという前提に立ったピクチャーも同じように可能であろう。こうして、ベルクソンはむしろ現在においてのみ時間と独自に（広がっている）固有の空間とを認めているのであって、純粋持続はそれとともにあるのだ。そして、過去時間の空間化を否定することによって、過去は空間的に「広がっていない」と言いたいのだ。ベルクソンが（古典）物理学に挑戦したのは、過去が擬似空間的に広がっているか、それともそのようないかなる広がりもないか、という世界観の問題にすぎないのである。

すなわち、数直線上の場所という過去のイメージは、物理学が記述する世界のあり方とは基本的に無関係であり、物理学的世界は、そのあらゆる法則を含めて、それぞれの出来事が法則に従って刻々と生じては消える（変化する）としても、まったく同様に成り立つ。例えば、ニュートンの運動方程式は直線時間（t）を含んでいるように見えるが、そうではなく、それぞれの〈いま〉しか存在せず、前の〈いま〉（過去）も後の〈いま〉（未来）もまったく存在しないとしても、変数tは同じように成立するのだ。

すでに見たように「過去の制作論」に至って、大森は積極的に物理学的直線時間（大森の用語では「線型時間」あるいは「リニア時間」）を否定するようになるが、同時に物理学のすべてを否定したのではない。大森は、あらゆる物理学理論を維持したまま、リニア時間を消去することが可能だと見て取ったのであろう。

本来的時間と非本来的時間

物理学的直線時間には〈いま〉が登場しているように見える。しかし、そこにはかけがえのない現実的な〈いま〉は登場してこないのであって、可能的な〈いま〉しか登場してこない。しかし、現実性から遊離した可能性は思考可能性でしかなく、（カントの用語を使えば）実在的世界を測定しうる「実在的可能性」とは言えなくなるのだ。物理学的時間が（思考可能性のみならず）実在的可能性をもつのであるなら、それは実在世界を測定するのでなければならない。しかも、現に測定したのでなければならず、かつて現実的な〈いま〉であったのでなければならない。こうして、二〇一六年五月一日は〈いま〉だったことをもって現実的〈いま〉なのである。そして、次々にこの現実的〈いま〉は次の現実的〈いま〉（五月二日）に席を譲って退くのである。

しかし、五月二日において、五月一日は「どこに」退いたのであろうか？ それは、直線時間上の場所以外にない。しかし、その場所は五月一日において〈いま〉であることを印づけた後には、直線時間上にまだ「ある」と言っても、直線時間を単なる意味構成体とみなして、あらゆる意味がこの宇宙のどこにも「ない」ように、この宇宙のどこにも「ない」と言っても、事態に変わりはない。宇宙にはそのつど現実的な〈いま〉のみが「ある」のであって、その〈いま$_1$〉が次の〈いま$_2$〉に席を譲るとき、〈いま$_1$〉における出来事（の状態）E_1は、過去へ移行して時間直線上に「ある」のではなく、その瞬間に宇宙から完全に消え去ると言っても、物理学は同じように成り立つのである。違いは、世界像の違いだけである。カント的に言えば、人間理性は、この場合、過去世界が消滅したのではなく依然として「ある」とみなすほうを選ぶのである。

むしろアリストテレスに戻るべきであり、限界としての本来的〈いま〉から単位としての非本来的〈いま〉へと自然に移行するところに時間の固有性がある。ベルクソンの全理論を支えているのは、〈いま〉のみが本来的な時間であり、それは「もうない」過去とは決定的に異なっているという直観である。しかし、時間とは、湧き出しつつあるダイナミックな現在と単位によって測られるスタティックな過去という両立不可能なものから成っているのであり、時間はたしかに空間ではないが、それ自体もともと「空間化される」本性をもっているのである。よって、むしろヘーゲルのように「空間（の本性）は時間である」（『エンチュクロペディー』）と言うほうが適切であろう。われわれは時間という線（空間）を引くことによって、その線が本来的な時間ではないことを知り、このことによって、はじめて本来的な時間を知るのである。

とはいえ、ベルクソンは過去を幻覚とみなしているわけではないのだから、過去は空間化された数直線上にではなく、本来的〈いま〉であるところの「純粋持続」の「うち」に保存されていると考えざるをえない。全過去は〈いま〉可能的・潜在的に保存されているのであって、各有機体は、全過去のうちから〈いま〉の行動においで有用なものをそのつど現実化するのだ。しかし、過去は単に「可能的にある」だけではない。そうなら、過去の事象は想像可能な事象と区別されないことになってしまうであろう。過去に「あった」事象は、やはり想像された事象とは異なって、その固有の性質をもって〈いま〉可能的にあるはずである。しかし、この独特のあり方は、はたして現在の「うち」に「どのように」あるのだろうか？

ベルクソンによれば、〈いま〉「ある」膨大な可能な過去のうちで、そのつど有機体が行動に役立つものを現実化するのだが、なぜ有機体はそれを同じく〈いま〉「ある」想像上の事象ではなく過去の事象だと知っているのであろうか？　それには「過去の印」がついているからだという論法は成り立たない。なぜなら、有機体は行動する〈いま〉、いかにして「過去の印」を判読できるのか不明だからである。ということは、そもそもいかにして全過去が現在可能的に保存されているのか、その整合的説明が成立していないということである。

ここに、先にフッサールがブレンターノに対して提起した、現在の事象と過去の事象とがいかにして現在の「うち」に両立しているのか、という問いがふたたび現出してくる。すなわち、過去は〈いま〉独特のあり方で「ある」というだけでは――いかに工夫を凝らしても――とらえきれないのだ。なぜなら、過去はその本来的性格からして〈いま〉「もうない」という否定的意味を担っているからである。否定は観察できない。それは「ない」という仕方で「ある」のであって、いかなる有機体も言語を学ばずにこうした否定の意味を理解することはできない。こうして、ベルクソンが「もうない」という過去の否定性に着目しない限り、その「唯現在論」は、維持できなくなるように思われる。

　ベルクソンの直観を維持しながら、現在も過去もそのまま存立させることのできる唯一の道がある。それはきわめて単純なものであり、過去は不在としてのみ〈いま〉「ある」という洞察である。過去の諸事象は直線時間上を過去という場所へと移行（運動）してしまったのではなく、といって〈いま〉の「うち」にことごとく含まれているわけでもない。それらは、〈いま〉単に「ない」のであり、しかも、（言語を学んだ）任意の一個の有機体S_1が〈いま〉「もうない」という意味をそれに付与できる仕方でのみ「ある」のである。

ベルクソンは過去の事象Eを〈いま〉の「うち」に取り込もうとしたら、そのために、E_1が〈いま〉なお「(潜在的に) 生きている」とみなそうとした。しかし、そうではなく、過去は〈いま〉端的に「不在」なのであって、S_1がそのつどの〈いま〉、周囲に現在するものを(知覚的に)意味付与するとともに、不在のEを(想起的に)意味付与するのである。ベルクソンの理論は徹底的に有機体モデルにとどまっているが、有機体が言語を学んだ瞬間に、世界は激変する。言語を学んだ有機体S_1は世界を不在によって塗り込めるのである。サルトルをもじれば、S_1は「不在を世界に到来させる」のであり、不在なものをあたかも実在のもののようにみなして、世界の相貌を一変させるのだ。

2 アウグスチヌスの現在中心主義

精神の延長

これまで、アリストテレスを中心に、物体の運動を基準にして〈いま〉を考察する立場を検討してきたが、この立場においては、「いま」という概念は「知覚の〈いま〉」として単位とみなされ、「語りの〈いま〉」は無視され、こうして〈いま〉はようやく物体の運動やそれを測定する客観的時間に適合するものとされた。だが、これは技巧であって、「語りの〈いま〉」を排除した〈いま〉は〈いま〉ではない。

ここで、視点を回転させて、〈いま〉を物体の運動から完全に解放してとらえてみよう。その場合、〈いま〉とは何を「一つの運動」とするかによって、宇宙の誕生以来の一三八億年まで拡大し、すべての時間を覆うことになる。過去も未来も幻想であって、時間とは〈いま〉にほかならない。ここでは、その典型とも言えるアウグスチヌスの理論（これを以下では「現在中心主義」と呼ぶ）を検討してみる。

アウグスチヌスは、アリストテレスと同様、時間を研究するさいに、運動を「数える」ことに着目する。しかし、彼はアリストテレスと異なり、魂は文字通り「時間の前後の数」を数えることはできないことに気づく。一つの運動B_1がt_1からt_2まで、続いてもう一つの運動B_2がt_2からt_3まで生じたとしよう。B_1の運動に呼応する時間t_1からt_2までを「前の時間Z_1」、B_2の運動に呼応する時間t_2からt_3までを「後の時間Z_2」としよう。しかし、運動B_2が「ある」ときには運動B_1は「ない」のであるから、私（魂）はB_2の運動が終わる瞬間（本来的〈いま〉）、B_2に呼応するZ_2（という非本来的〈いま〉）を数えることができても、B_1に呼応するZ_1（という非本来的〈いま〉）を数えることはできない。このことを、アウグスチヌスは、次のように語る。

それゆえ、私の計るのは、もう存在しないところのものそのものではなくて、私の記憶のなかに安定しとどまるところのなにかであって、それを私は計るのである。(21)

アウグスチヌスの考察は水も漏らさぬ手堅いもののように思われるが、じつはそうではない。私は「存在する」ものしか測れないわけではなく、「不在」のものも測ることができる。「彼が死んでからもう一〇年経った」と私が語るとき、私は彼の不在の長さを語っている。すなわち、存在する私が「彼の不在の長さ」を測っているのであり、その「不在の長さ」はたしかに「私の記憶の中にとどまるところの何か」であるが、測られるもの（彼）は「もう存在しないところのそのもの」であって構わないのだ。

このことを敷衍すれば、私は直接に記憶にとどめているもののみならず、それに推量が加わっても測ることができるであろう。私は五〇年前に「五〇年前の東京はこうだった」と語る信頼できる老人の記憶を記憶していて「一〇〇年前の東京はこうだった」と語ってよいのであり、こうした全体が「精神の延長（distentio animi)」を測ることなのである。でないと、時間はそれぞれの人間が直接記憶している限りでしか存在しないことになり、それはいかにも理不尽であろう。

こうした修正を加えたうえで、「現在中心主義」を考察してみるに、たしかに、「私の記憶の中にとどまるところの何か」がなければ時間は成立しない。地震計がある時間における揺れの大きさを正確に用紙に記録したとしても、私に記憶がなければ、それがある空間的長さにおける上下の波の連なり（複雑な幾何学図形）であることはわかっても、「過去」を表わしていることは理解できないであろう。このことは、〈いま〉「私の記憶の中にとどまるところの何か」が時間構成にとって必要条件であるということであって、「私の記憶の中にとどまるところの何か」だけから時間が構成できるわけではないことを示している（すなわちそれは、時間構成の十分条件ではない）。

以上の予備的考察を踏まえて、「現在中心主義」を吟味するに、文字通り「現在」しかないのだとすれば、現在の「そと」が（「不在」ではなく）端的な「無」であるとすれば、アウグスチヌスは否定を通じてさえ過去や未来は理解できないはずである。しかし、アウグスチヌスは次のように言う。

過去の現在は想起であり、現在の現在は直観であり、未来の現在は予期である。(22)

この文章の意味が理解できるためには、われわれは、前もって過去や未来が「現在でない」ということの意味、さらにはこれら否定文の主語である「過去」や「未来」が何であるかを理解しているのでなければならない。しかし、現在しか「ない」のだとすれば、このすべては不可能である。とすれば、翻ってこの文章は無意味だということになる。

本来的現在と非本来的現在

あらためて問うと、そもそも現在だけが「ある」のであって、過去や未来は「ない」のだとすれば、過去や未来が「現在ではない」ということを、われわれはいかにして知っているのであろうか？　「ある」と「ない」とは反対であり、「現在はある」が、過去や未来は「ない」のだから、このことから、「過去や未来は現在ではない」ということが導ける、と答えるとしたら、これは「ある」や「ない」という概念と「ある」や「ない」という概念とが意味するもの（その言葉がないのであるが）との混同である。「ある」と「ない」とは、たしかに概念において反対であるが、その概念の意味するものにおいては、一方が「ない」のであるから反対になる余地さえない。たしかに、概念においては、同じリンゴが前者では「ある」と関係し、後者では「ない」と関係していると言っていいかもしれない。しかし、概念が意味するものである「ない」は無であるから、いかなるものとも関係することはできない。「ない」リンゴは、「ある」リンゴと反対のあり方をしているわけではない。「ある」リンゴは端的に「ある」だけのことであり、「ない」リンゴは端的に「ない」だけである。同様に、われわれには「ない」過去を、その「なさ」において直接知ることはできない。よって、「ない」過去については、「現在における過去」とすら言えないのである。「現在における過去」とは、「ある」過去であり、「現在における過去」という意味を概念のレベルではなく、時間のレベルで理解できるためには、われわれはすでに何らかの仕方で現在から独立に「ある」過去を知っているのでなければならない。

以上の考察から判明することは、現在をまず確保し、次にそこから過去や未来を意味づけることはできないということである。なぜなら、現在は定義的に一元的であって、その「うち」には現在以外の時である過去や未来を含みえないからである。この場合、現在において過去事象を想起していることや未来の事象を予期していることが、たちまち神秘的になってしまう。とはいえ、過去や未来を、「現在ではない他のところから」補充すると、たちまち現在中心主義は崩壊する。

こうしたジレンマ状況において、現在中心主義を貫くには、逆説的であるが、さしあたり過去や未来を現在とは別に確保しておかねばならない。そのうえで、「過去は過去ではなくて現在である」、あるいは「未来は未来ではなくて現在である」と言わねばならないのだ。言いかえれば、さしあたり日常言語における現在・過去・未来というトリアーデを認めたうえで、それらを非本来的な意味とし、それに本来的な意味を対置させて、「非本来的な過去は本来的な過去ではない」、あるいは「非本来的な未来は本来的な未来ではない」と言わねばならない。そして、反射的に現在にも「非本来的な現在は本来的現在ではない」という意味を付与するのである。こうして、アウグスチヌスの先の主張を次のように読み解くことができる。

本来的な過去は現在における想起であり、本来的な未来は現在における予期であり、本来的な現在は現在における直観である。

現在における「本来的過去」と「本来的未来」の正体をさらに追究してみよう。ここでは次のような操作がなされていることに気づく。すなわち、想起や予期を作用と対象に分け、さらに対象と内容に分けたうえで、その作用と内容だけを現在とみなし、その対象を過去や未来に押しやり、そのうえで、対象を切り捨ててしまうのだ。こうして、過去の事象とは現在における想起の作用とその内容にほかならず、未来の事象とは現在における予期の作用とその内容にほかならないことになる。予期の場合はこれでいいであろう。予期の内容と区別される未来の対象は端的に「ない」からである。しかし、想起の場合は、想起の対象は想起の内容を超越している（その「そと」にある）のであって、この実感を拒否するのは難しい。なぜなら、想起とは、「もうない」という端的な直観をもって対象をとらえることだからである。われわれは〈いま〉端的に「ない」ものを、その不在において直観しているのだ。こうした不在の把握こそが、過去の源泉であり、客観的時間の源泉である。

こうして、じつのところアウグスチヌスの現在中心主義は、現在でないもの、現在における不在としての過去と未来とを前提して成り立っているのだ。そうでなければ、先の文章は、「現在における現在は想起であり、現在における現在は予期であり、現在における現在は直観である」と言いかえられることになり、これは明らかに理解不可能な言明であろう。

また、すでに考察した結果を踏まえると、「予期」とは、未来が実現することをもって、遡ってその意味を確定するしかなく、〈いま〉の時点に限定すれば予期とは単なる「現在の思考」にすぎないのであるから、アウグスチヌスは未来を「現在」に呑み込ませることには成功したとも言える。だが、まさにそのことによって、未来とは異なる過去のあり方を際立たせることになった。想起とは〈いま〉「ある」内容以上のもの、すなわち〈いま〉「もうない」という不在の対象を指し示すのだ。

こうして、「もうない」という過去のあり方をとらえきれない現在中心主義は、自己崩壊していく。なぜなら、過去が単なる個人的記憶の集積ではないとしたら、それは客観的時間における過去でなければならず、その場合、われわれは「私の記憶のなかに安定しとどまるところのなにか」の「そと」に出て、広大な「不在」の領域に立ち入らねばならないからである。こうして、われわれは、時間把握において、そのつど湧き出す〈いま〉と「もうない」という不在のあり方で「ある」過去とを基準とする「客観的時間」という両立不可能な時間の存在性格に直面する。われわれは、この両立不可能な対立を解消することによってではなく、それを保持することによって、「時間」とは何かに迫ることができるのである。

「生き生きした現在」

フッサールは、このことをよく知っていた。彼は、存在論的には、あくまでも〈いま〉は根源的であるが、認識論的には、すなわち客観的時間の構成においては、むしろ過去のほうが優位に立つこと、いわば時間探究における現在と過去との「ねじれ」をよく自覚していた。

ところが今の時点の全体、原的印象の全体は過去へ変様されるのであり、しかも今という概念が相対的な概念であって、《過去》が《今》を示唆するように、《過去》を示唆している以上、われわれはこの過去変様によって初めて今という概念を究めつくしたことになるのである。(23)

〈いま〉が生じなければ過去は生じないという意味において、現在は過去より存在論的には優位に立つが、ある事象が〈いま〉のままであれば時間は成立せず、ある事象が〈いま〉から過去へと「変様」するところに時間が成立し、このことによってはじめて〈いま〉という概念を「究めつくしたことになる」。すなわち、あくまでも〈いま〉は根源的な時間であるが、他方、〈いま〉はそれが過去に変様して「過去における〈いま〉」となることによって、はじめて認識される〈いま〉となり、〈いま〉は客観的時間のうちでその意味を確保するのだ。なお、「生き生きした現在」はアリストテレスの本来的〈いま〉ではなく、むしろ幅のある非本来的〈いま〉に対応するが、やはり、アリストテレスの場合と同様、それ自身だけでは〈いま〉とすら言えず、私（魂）がそれを過去へと変様し、新たな〈いま〉のもとで、一つ前の〈いま〉とみなしてはじめて、それが本来的〈いま〉であることが認識できる。この問題をさらに追究したのがブラントである。

過去が最初の即自存在であるということは、それ自身即時的に存在しない生き生きとした現在に対する優位を意味しない。というのも、過去はただ現在からのみ存在するにすぎないからである。本来的にはもはや存在しない、それゆえ「非本来的に存在する」過去が、最初の即自存在つまり最初の時間自体であるということは、一般に自我の時間性の特質である。(24)

ブラントによれば、過去は「本来的にはもはや存在しない」のであり、「非本来的に存在する」のであるから、こうした否定性をまとった過去が「最初の時間自体」すなわち客観的時間であるとしても、〈いま〉はやはり過去に対して優位を保つ。たしかに、〈いま〉が過去へと変様するところにこそ客観的時間は成立するのであるが、それが「変様」である以上、変様前の〈いま〉は過去の変様した〈いま〉に存在論的に優位に立つのである。

私が生き生きした現在を所有するのは、私がもはや生き生きした現在ではなく、むしろそれを現前化されたものとしてもつということによってである。生き生きと流れる現在を主題化することは、再想起によって、すなわち過去のなかに押し入ることによって遂行される。（中略）私は、普遍的な過去とともに、時間自体を所有し、それを再想起において直観する。だが時間自体はけっして「本来的な」時間ではないことを忘れてはならない。(25)

われわれが時間体験をもつことは、「生き生きと流れる現在」とそれを現前化した「生き生きしない過去」とをもつという二重の時をもつことによって成立する。いうなれば「生き生きした現在」を体験しつつある時にではなく、それが「もうない」という変様を蒙って、「生き生きした現在」ではなくなった時に、まさにその

「なさ」をとらえるところに、客観的時間は成立するのである。

先に検討したが、フッサールはカントの意向を受け継ぎ、自己同一的物体を実在性の基準にしている。よって、自己同一的物体が現在から過去へ「変様」することになるのだ。こうした大枠を据える限り、客観的時間は、自己同一的なものが現在から過去へ変様するという場を提供するものまでも含んだものでなければならず、このことから、「本来的な時間」ではない過去を「時間自体」と呼ぶのである。

想起における作用と内容

では、現在中心主義を後にするとき、残された道とは何であろうか？　過去と想起しかない。たしかに、現在は過去に対して「原形」であるという優位をもっているが、過去は現在に対して別の意味で文法的優位をもっている。現在は過去を含まないのに対して、過去は現在を独特の仕方で含むということである。「そのとき私は若かった」と語る老人は、〈いま〉それを語っているのだ。一般に過去形を語る時は現在なのであって、その語りの時である現在を消去すると過去形は無意味になる。書き言葉においては、「シーザーは元老院前で暗殺された」というように、話し手が示されないかたちで過去形を使うが、読む時が現在であることは前提されている。過去形が現在という時を含むことに対応して、想起する時は知覚する時を含むのである。

過去と現在というあり方は完全に両立しないあり方であって、両者が時間という共通項で括られる気がするのは、一つの直線時間における位置だけの差異というトリックによるものである。両者のあり方の差異性は存在と無の対立に至り、すでに見たように、存在は無と対立すらしない（相手が「ない」のであるから）。よって、われわれが現在中心主義を捨てた後に、直線時間をもってきて現在と過去とを「その上に」位置づけようとしても成功しないことは、マクタガートの見抜いた通りである。「ある」と「もうない」とは概念上は両立しないのであるから、両者の対立を直接とらえる（概念を超えた）場面が開かれなければならない。

フッサールは、直接「もうない」をとらえる作用をレテンツィオンと呼ぶが、そこからは客観的時間における過去は導けなかった。それが過去の萌芽であることは、じつはすでに他の仕方で知っている過去から導かれたのだ。そして「他の仕方」とは（反省的に体験している通常の想起である）第二次想起である。フッサールは、〈いま〉のうちに原体験としての「もうない」を差しはさむことによって、それを「もうない」対象としての過去をとらえる第二次想起の条件と考えた。しかし、それは第二次想起の前提をなすものでも条件をなすものでもない。

むしろわれわれは、第二次想起によって、その対象が過去であることを端的に知っているゆえに、現在（原印象）と第二次想起とのあいだに、「第一次想起」という媒介物を差しはさむことができる。過去の事象についての想起という体験のうちに、その作用は現在であり、その対象は過去であるという端的な区別を了解しているのであり、現在は過去ではなく、過去は現在ではないゆえに、過去と区別された時をあらためて「過去ではない時」として現在と呼ぶのである。この区別が時間理解の根源であって、それは根源的区別であるからこそ、いかなる体験においても、われわれは過去と現在とを混同することはない。なぜなら、想起している時は知覚している時でもあり、その重ね合わせによって「現在」という時が堅固な時として意味づけられるからである。

そして、あらゆる知覚している時もまた、想起している時と同時であるから、現在なのである。こうして、知覚している時が現在であることは、想起によってはじめて意味を汲み取っている。このことは、もしわれわれが想起能力を有さない存在者であると仮定すると、いかにしても過去を意味づけることができず、したがって、過去との対立として理解されるべき現在も意味づけられない、という思考実験によっても裏づけられる。それは、想起における作用は現在であり、その対象は過去である、という端的な（直観的な）区別に基づいているのだ。

3　自由な行為の時

行為の開始の時としての〈いま〉

これまで、知覚を中心に〈いま〉を考察してきたが、自由な行為の場に開かれている〈いま〉こそ特権的である、と反論されるかもしれない。こうした見解は、キルケゴール、ハイデガー、サルトルなど、いわゆる実存哲学者の時間論に見られるが、その場合の〈いま〉は、決断の時、投企の時として、〈いま〉の直後の未来を含むとも考えられている。一つの自由な行為Hの開始の時からHが終わる時のあいだは、分断されえない一つの〈いま〉とみなされるからである。

彼らに共通の見解は、こうした自由な行為の時間こそ本来的時間であり、物理学的時間を非本来的時間として一段下に置く。すなわち、物理学的・客観的時間は——先に見たように——過去を中心に構築されたものであるから、過去という時間様相を非本来的とし、さらには、時間測定を非本来的とみなす。ここでは、ふたたび限界としての本来的〈いま〉と測定された非本来的〈いま〉という対立が繰り返されている。さまざまな運動のうちで「一つの自由な行為」という特権的運動を設定し、それに密着して本来的〈いま〉が成立しており、それも後から数える〈客観的に測定する〉ことができようが、数えられた〈いま〉群は非本来的時間なのである。

しかし、そうであろうか？　ハイデガーは物理学的・客観的時間を非本来的時間、「通俗的時間」とみなすが、時間から客観的測定機能を排除した現存在（人間存在）のあり方の三様態（被投性・頽落・投企）が、なぜ時間の三様相の基礎なのであろうか？　たしかに、地上の有機体のうち人間存在しか時間を知らないであろう。しかし、少なからぬ高等動物は変化の知覚を有し、記憶をもち、予期もする。とはいえ、彼らは時間を「認識」していない。なぜなら、彼らは客観的世界を認識しないからであり、客観的時間順序を認識しないからである。カントが洞察したように、たとえ人間が自由であるとしても、人間にとっての時間とは客観的時間なのであり、客観的時間の最も基本的な機能は現象を測定することなのである。

ここで、あらためて問うてみよう。時間を研究するにあたって、知覚から自由な行為に視点を移したときに、何か新しい局面が見えてくるであろうか？　とくに新しい局面は見えてこないように思われる。しかし、〈いま〉を自由な行為の開始とみなすとき、まったく新たな〈いま〉において、私（行為者）がそのつど新たに外的現象や内的現象に「意味を付与する」という場面がより鮮明になるであろう。すなわち、自由な行為においては、私の身体の動きに「走る」とか「止まる」とか「腰掛ける」といった意味を付与するのであるが、その場合、私は同時に「意志」や「意図」を身体の動きからあらかじめ分離したうえで、それらにも「走ろうとする」とか「止まろうとする」とか「腰掛けようとする」という身体の動きと同一の意味を付与するのである。

原因としての意志？

ここから、「原因としての意志」という錯誤が生じてくる。すなわち、私は自分の自由な行為に対するこうした意志と行為とにまたがる意味付与を、私が「右手を上げる」という原因としての意志をもつことによって、私は「右手を上げる」という結果としての身体運動を「ひき起こす」ことだと解釈してしまうのである。しかし、明らかに新たに湧き出す〈いま〉において生じる身体運動は、まったく新しい物質を伴うまったく新しい物理的運動B_kである。しかもB_kは、その軌跡、速度、加速度、角速度など細部まで限定されている。そして、明らかにその全体を私は「ひき起こす」ことができたわけではない。私は、ただB_kが「右手を上げる」と記述される限りで、それをひき起こすことができたのである。では、私が記述を限定する限りで、何ごとかを「ひき起こす」とは、いかなることであろうか？

反省してみればわかる通り、何気なく道を歩くとか、何気なく行き交う人々を眺めているとか、ほとんどの私の自由な行為は、ただそのつど行為がいわば自発的に起こるだけであり、「後で」何らかの必要から、あらためて「自由になしたこと」という意味を付与するだけである。だが、たまに「決断」のような場合があって、そのときはまず私のうちに「右手を上げよう」という意志W_aが生じ、W_aが「右手を上げる」という行為H_aを「ひき起こす」という図式をあてがいたくなる。しかし、その場合でも、もし、私が誤って左手を上げてしまったら、その行為H_bに対して、私は「左手を上げる」という意志W_bがあったとみなすほかないであろう。でないと、W_aが行為H_bをひき起こしたことになり、あるいは、一方で、W_aはもっただけで効果なく空転し、他方、H_bは「ひとりでに」実現されたことになるからである。こうして、意志とは行為を「ひき起こす」ものである以上、意志記述と行為記述とのあいだに齟齬があってはならない。

　こうしたことからもわかる通り、意志とは行為直前の「心の状態」ではない。意志が何であるかは、むしろ行為記述の側から決まってくるのであり、いかに行為を記述するかに懸かっているのだ。現に起こったのは特定の身体運動B_kだけなのであって、そのB_kをまず私は「右手を上げる」というふうに記述し、その次に「右手を上げる」という意志を対応させる。そして、記述のレベルで「右手を上げる」意志が「右手を上げる」行為を「ひき起こす」という図式1を適用するのであり、私はB_kにこの全体の意味を付与したのだ。

　これからの行為の場合も、自覚的な意志行為の場合は、行為に出る前に行為記述を予期してから「意志が行為をひき起こす」という図式を予期的に適用する。意志を直前の心の状態とみなさざるをえないこともある。それは、行為が失敗した（失敗したとみなされる）場合である。その場合は、意志記述と行為記述とは一致せず、私は「右手を上げようとしたが、実現できなかった」という新たな図式2をもってくる。私は賛成の挙手をしようとしたが、どうしても勇気がなくて思いとどまったのだ。しかし、このときでも私は「心ならずも」実現した行為（挙手しなかったこと）に関して、やはり図式1を適用して、「挙手を思いとどまった意志が、挙手を思いとどまるという行為をひき起こした」と語らねばならないことを知っている。

こうして、たしかに自由な行為における新たなものの湧き出しは、知覚に伴う湧き出しとは異なるのだが、とはいえ、私が物質を含むB_kを湧き出させたわけではない、すなわち「創造」したわけではない。私はむしろその原因があまりに複雑でとらえられない「大脳から右手に至る具体的な身体状態の湧き出しB_k」に対して、事後的に、あるいは予期的にH_aという意味を付与しただけなのである。

〈いま〉と未来との境？

こうして、自由な行為の場面が、とくに〈いま〉の特権的事例あるいは原型を提供するわけではなく、新たな意味付与である点では知覚と同じである。むしろ、自由な行為の開始とともに特権的に〈いま〉が開示されるとみなすのは、その論者が自由な行為の場面こそ、〈いま〉と未来とが直結していると考えているからではないのか？　未来とは、予想や予期の対象が登場する時ではなく、まさに〈いま〉行為を開始するその時と不可分に成立している時である、と考えているからではないのか？　しかし、行為の開始の〈いま〉ですら、いささかも未来を含まず、意志という原因は必然的に結果を含むことはない。隅々まで〈いま〉である。だが、それに続く不可分の時を未来と取り違える理由は、現在を数学的点にも似た極小の時間単位とみなしてしまい、ダイナミックな現在の状況をまるごと未来に譲り渡してしまうからなのだ。

たしかに、自由な行為の場合においても、〈いま〉は関心によっていくらでも拡大収縮する。しかし、この場合の〈いま〉は、私が行為によって世界を変化させることができ、その効果が及ぶとみなせる限りの時であって、任意の未来を含まない。「いまは散歩中です」と語っても、その直後、にわか雨がザーッと降り出して散歩を中止するかもしれない。「いまは食事中です」と語っても、突如地震が起こって食卓を離れるかもしれない。その場合〈いま〉は、雨が降り出すまで、地震が起こるまでに限られる。すなわち、〈いま〉の長さは、私の自由に完全に委ねられているのではなく、私の力の及ばない新しい湧き出しによって自然に区切られるのだ。その区切られた時が〈いま〉であり、私はそのとき、新たに意味を付与するのであるが、湧き出し自体は意味付与ではない。私は湧き出しを自由に支配できず、湧き出しに沿って意味付与するだけである。

行為する者は、この意味でまさに「意味が固定していない世界」に住んでいるのであり、意志し行為しつつある時とはまさに意味を固定しつつある時にほかならない。

そして、未来とは、この〈いま〉を採用したときに、その「向こう」に追いやられた時（にわか雨が降り出すとき、地震が起こるとき）であり、〈いま〉の意味付与作用が及ぼす効果を超出した時である。こうした〈いま〉を超出する未来こそ「まだない」と誤ってみなされている未来なのである。

よって、〈いま〉と未来との境は見えないのだ。散歩する一歩一歩、私は「未来へと突き進む」のではない。私はずっと〈いま〉にとどまっているのであり、散歩をやめて雨宿りしているとき、先の〈いま〉を反省的に「私は散歩していた」と語るとき、その〈いま〉から見て、雨宿りしているこの〈いま〉は「未来だった」ことになるのだ。こうして、未来そのものは掬《すく》おうとしても、いつもその手を滑り抜ける。なぜなら、その境は次の〈いま〉という楔を打つことによって、はじめてそこに生じるもの（現実化するもの）にすぎないからである。

次に、このような意味における未来について考察しなければならない。

第四章　未来は「まだない」のか？

「まだない」とはいかなることか？

これまで、過去と現在について考察してきたが、本章では残された時間の存在性格である未来について考察しよう。過去が「もうない」ように、未来は「まだない」のであり、過去にはそれを直接とらえる想起という作用があるように、未来にはそれを直接とらえる予測・予感・予期等々の作用がある、と言われる。この了解を補強しているのは、直線的時間表象であり、未来とは原点である現在を中心にして過去と逆方向に延びる線分で表わされ、過去がこの線分上に「ある」ように、未来もこの線分上に「ある」のだ。

しかし、そうであろうか？　ここで反省すべきことは、未来を「まだない」時間としてとらえるとき、その「まだない」というあり方は、概念以上のあり方をしているかどうかである。それは、あらゆる面から否定されるように思われる。まず銘記すべきなのは、過去の想起の場合には、過去の事象をとらえている「直観」があるが、未来の予期などの場合には、そうした直観がないということである。

これまで考察したように、たしかに過去自体は理念以上のものではない。「もうない」過去は、〈いま〉「もうない」と意味づける限りで「ある」のだ。しかし、そうであるとしても、過去は現在から区別されて端的な直観を伴って「ある」のだが、われわれが予期などによってとらえていると思っているものは、未来に起こるであろう事象ではなく、「未来に起こるであろうと現在思われる」事象、すなわち概念にすぎない。未来と言われている事象は、興味深いことに、すべてがそういう概念として現在の「中」に吸収されてしまうのである。明日の日の出を「まだない」と言うとしても、ただそう記述される概念として「ある」だけであり、それ以外に直観があるわけではない。われわれは「まだ」という副詞に騙されているのだ。このとき、われわれは時間ではなく、時間概念に従っているだけである。たしかに、未来の事象がまったく予測不能である場合も含めて、未来を「まだない」と表現していいかもしれない。だが、そもそもまったく内容が未定である未来が「まだない」とはいかなることであろうか？　また、未来の内容がまったく未定であると言うとき、内容に「まったくの空虚」を含めてもいいはずであろう。その場合、内容がまったく空虚な未来が「ある」と言っても、そもそも未来は「ない」と言っても違いはないのである。

すでに見たように、アリストテレスは「限界」としての本来的〈いま〉を時間と対極的なものとみなしたが、こうしてみると、むしろ未来こそ時間と対極的なあり方をしていると言える。未来が時間の部分として「ある」ような錯覚を呼び起こすのは、時間ではなくて「時間」という概念を考察の対象にしているからなのだ。たしかに、「時間」という概念には未来は「ある」。なぜなら、われわれは、はじめから「時間」という概念に「未来」という概念を投げ込んでおいたからである。しかし、「時間」という概念は時間（自体）ではない。

以上のことは、冷静に反省すればすぐにわかることなのに、われわれがごく自然に未来は「ある」とみなしてしまうのはなぜであろうか？　以下、まとめてみよう。

第一に、未来と「未来」という概念とを混同してしまうという誤謬。「時間」という概念には、はじめからいつまでも未来が「ある」ことが含まれているのであり、この言葉を分析して未来は「ある」と思い込んでしまう。これは、ロゴス中心主義の一変形とも言えよう。実在的世界をはじめから物理学の描く四次元連続体としてとらえてしまっており、その前提ですべての議論が進んでいき、その枠組みを疑うことがない。

第二に、未来に現に起こる事象を「未来に現に起こるだろう」と思う現在の心の状態と混同するという誤謬。未来は未来における世界の状態なのであって、現在の心の状態ではない。たとえ現在、地上のあらゆる人が、ある一つのこと、例えば明日E地点で起こる日蝕Sを予測したとしても、その予測の内容は現在の事象であって未来の事象ではない。

第三に、「もうない」過去の「なさ」と類似したあり方として「まだない」未来をとらえてしまうという誤謬。この錯覚は、物理学的・直線的時間表象に基づくものであるが、デリダの批判するように、「現前の形而上学」の一波及効果とも言えよう。フッサールは、まず疑いなくある「原印象（Urimpression）」を設定することによって、「まだない」未来と「もうない」過去とは「なさ」の点で類似しているとみなしてしまう。そのうえで、「もうない」メロディーをとらえるレテンツィオンに類似したあり方として、「まだない」メロディーをとらえるプロテンツィオンを提示するのだ。

しかし、レテンツィオンは、「もうない」具体的な音を否定性において直観しているが、プロテンツィオンは、「まだない」音を否定性において直観していない。現在、次の音が何であるかは、まったく開かれており、完全な「無」である。ドーナツの内側がたとえ真空であるとしても、それは「限界づけられた無」であり、それ自体として「丸い」という規定性をもっている。だが、その外側は「限界づけられない無」であり、いかなる規定性ももっていない。同じように、「すでにない音」はその音と現在との「あいだ」に挟まれている、限界づけられている無であるが、

「まだない音」は現在とその音との「あいだ」を規定する何ものもなく、完全な無である。プロテンツィオンは、純粋に現在における「心構え」にすぎないのであって、未来に現に響く（であろう）音とはまったく関係がない。単なる概念のレベルにおける不在である。

　そして、第四に、「過去における未来」をそのまま「新たな未来」へと延長するという誤謬。われわれは、物理学的予測が当たるという現象を基軸にし、さらに（技術的には困難であろうが）原理的にすべてが予測可能であるという信念のもとに、「過去における未来」をそのまま次の未来に延ばすのだ。個々のすでに見た「自己同一的意味構成体」としての物体、および質量・運動量・エネルギーなどの物理学的保存量を未来に延ばすのみならず、「未来」それ自身を物体化して、「これまで未来はあった、よって、これからも未来はあるであろう」というかたちで、「過去における未来」を「未来一般」へと普遍化し、そのうえで「新たな未来」をもとらえたつもりになっているのだ。

予測された未来とは過去における未来である

予期された事象は、単なる想像とは異なり、確実に、あるいはかなりの蓋然性で実現するような感じがする。しかし、いかなる自然科学的予測も、過去における有限の実験（観察）によって推量されたものである限り、ある予測された事象Eが未来においてその通りに起こることは絶対確実ではない。Eは、自然法則によって、自動的に実現されるわけではなく、Eが現に生起するかどうかは、その時（未来）になってみなければわからない。なぜなら、未来における自然現象とはそのとき湧き出す新たな物質M_nをも含むのであって、自然法則はこのM_nを実現する力をもっていないからである。たしかに、天文学的事象をはじめとして、ある種の自然現象はこれまで予測の通り正確に実現した。しかし、そのすべては偶然的である。まして、日常的に予期された事態が現に起こるかどうかは、まったくの偶然であり、限りなく保証されていない。原則的に、未来の世界状態は完全に開かれているのであり、何が起こっても不思議はないのである。

たしかに、こうした事実をいかに挙げても、われわれは未来が「ある」と信じ、そのうちかなりのものは確実に予測できると考えている。明日、太陽が東の空に昇ることは、単なる想像ではない気がするのだ。しかし、反省してみるに、それは単に「実現するという確実な感じ」を伴って想像するだけであって、未来の事象に「的中しているという感じ」を伴うわけではない。この意味で、未来はやはりいかなる直観も伴わない概念にすぎないのであって、未来の事象の予期において概念を超えるものは何もないのである。

先に見たが、これこそは、カントが神の存在証明を批判した所以であり、神に関していかなる命題を立てても（例えば、「神は完全であり、完全であるものは存在する」という命題）、そうした述語を担った主語である「神」が現に存在していることは証明されない。なぜなら、主語に当たるものの現存在が、概念とは別の仕方で保証されていないからである。未来の事象もまったく同様であり、いかなる精緻な予測も、〈いま〉未来を直観的にとらえる手段が閉ざされている限り、概念だけなのであって、未来が「ある（現存在する）」ことは、まったく保証されないのである。

以上をこう言いかえてもいい。未来の事象Eが「まだない」という独特のあり方をしているとしても、その意味が充実されるのは、あらためて「まだなかった」と過去形で語るときでしかない、と。時間t_1において未来に実現するであろうと予期したEが、t_2において実現されたことをもってはじめて、「さっき（t_1において）、Eは『まだなかった』」というように、「まだない」ことを時間を語る言葉として使用することはできる。私は、t_1においてEを予期したこととt_2においてEが実現したこととの両者を端的な記憶（直観）によって知っており、それによって、t_2において実現されたEはt_1においては「未来だった」ことを知るのであり、このことが他のさまざまの認識と合理的に連関しているとき、それを認識しているのである。

こうして「認識」というレベルにおいては、「まだない」という表現が有効であるのは、すでにEが未来というあり方でなくなってしまったとき（過去における未来であるとき）でしかない。未来のあり方を〈いま〉「まだない」と表現したとしても、それは現在における未来であって、その未来が実現することをもって「まだない」が「ある」に転じるのであるが、未来が実現すること自体は偶然的である。その限り、「まだない」は真でも偽でもない。われわれは「まだない」未来の事象をそれ自体として生け捕りにはできず、まさにその「なさ」しかとらえられない。そして、その「なさ」が「まだない」というあり方へと自然に移行してしまうのは、「まだない」が「ある」に転じたという過去の体験ゆえである。よって、われわれが過去の体験をもたないとすれば、予測・予言・予期・予感などのいかなる未来への態度も取れないであろう。

客観的時間とは、じつは未来ばかりではなく、いかなる現在も過去も含まないのであるが、すべての時間様相を取り込みうる性質をもっている。もし客観的時間を表わす直線上の或る点P_1（適当に幅のある時間$\varDelta t_1$）を現在とみなせば、その次の点P_2（$\varDelta t_2$）は未来なのだ。こうした文法の成立する客観的時間において未来が「ある」のは当然である。世界が突如、今晩消滅しても未来は「ある」。まさにニュートンの絶対時間のように、客観的時間は実在的世界とは独立の文法的存在、すなわち時間概念によって成立している存在だからである。こうした客観的時間は、過去を基準にして現在を跳び越し、未来を過去化するという操作によって成立する。すなわち、時間の直線表象化とは時間の過去化にほかならない。「これまで」の出来事を時間直線上に並べ、〈いま〉を跳び越し、「これから」の出来事も世界の終焉の時点から未来完了的に同じ直線上に並べることなのだ。ベルクソンの「時間の空間化」も、「時間の過去化」と言い直すことができ、マクタガートのB系列は、時間様相からなるA系列から独立した時間順序なのではなくて、じつのところ全身が過去に浸された時間なのである。

よって、「これまで」の過去世界の諸現象がことごとく時間順序に秩序づけられていることは問題ない。アウグスチヌスをもじれば、過去とは「過去における過去」であり、現在とは「過去における現在」であり、未来とは「過去における未来」である。過去・現在・未来は、そのままでは本来互いに排他的関係にあるはずであるが、「過去」に限定すれば、想起においてはすべてが過去であるが、その中で過去→現在→未来という順序を直観に基づいて順序づけることができる。しかし、だからこそこの方式はそうした直観を欠いた未来には適用できないということが判明する。

未来と無知

次の未来は何らかの仕方で「ある」のだが、われわれは「いかにあるか」まったく知りえないのだと言いかえていいであろうか？　ふたたび神の存在になぞらえれば、神は「ある」のだが、そのあり方をわれわれはまったく知りえないのだ。「知りえない」ばかりではない。神が「ある」というわずかな直観もなく、神からのいかなる作用もないのである。このとき、「神はない」と言っても変わることはない、いや、「神はない」ということ以外を意味してはいない。同じように、次の未来が「ある」とだけ言えて、それについて他のいかなるあり方も原理的に直観しえないとき、未来は「ない」のである。

このような詮索をしなくても、未来が「ない」ことは、〈いま〉新たな湧き出しがまったくわれわれの手を離れていることから自然に導かれる。それを言いかえれば、（物質を含んだ）「現存在」は〈いま〉ただ偶然に与えられるだけであって、その原因も理由もわからないのであり、ということは、〈いま〉与えられた現存在が次の瞬間に消滅すること、あるいは「供給を絶たれる」こともありうることを意味する。すでに見たように、たとえ自由な行為であろうと、その行為は何の前触れもなく次の瞬間に中断されうるのであり、同時に全世界は消失しうるのであって、未来の存在は保証されない。

ここに、とくに注目すべきなのは、自由な行為において、未来は「知りえない」のではなく、「知ってはならない」ということである。私が未来を完全に知ることができ、そのうえで自由に行為することは不可能であり、論理的に矛盾ではないが、その事態が想像できないほど不合理である。私が未来の出来事を細部にわたるまで知っているとしよう。しかも、私は〈いま〉完全に自由であるとしよう。三つの場合に分けて考えられる。

第一、自分自身の自由な行為の場合。私の意志は自由であり、原因として行為をひき起こすことができるのだが、その自由によって実現される結果はすでに決まっている。私はあと五秒後に自分が右手を上げることを知りながら、そのとき自由意志により右手を上げるのだ。この場合、私は右手を上げることを阻止できないのであって、私は自由意志によって右手を上げたのではないであろう。だが、五秒後に右手を上げることが決定されていても、私がそれを知らなければ、私は自由であると思い込むことはできる。「スピノザの石」と呼ばれる理論であって、落下する石と同様に、私の意志自体が自然法則ないし神によってあらかじめ決定されていても、それを私が知らなければ、私は自分が自由に右手を上げたと思い込めるのである。

第二、他人の自由な行為の場合。他人Aが私をあと五時間後に騙そうとしている。私は五時間後にAに裏切られることをすでに知りながら、それまではAを信頼しきっており、五時間後にAに騙されることになるであろう。それは「騙される」ことなのであろうか？　私はBが明日、突如「結婚した」と言って私を驚かせることを知っている。しかし、私を驚かせるのは明日なのであり、それを知っている〈いま〉ではなく、明日Bから言われてはじめて私は驚くのである。これは「驚く」ことなのだろうか？

第三、自他の自由な行為ではなく、未来の出来事一般の場合。私は、一分後に交差点で信号を待っている私に、走ってきたトラックが突如右から突っ込んできて大けがをすることを知っている。しかし、一分後のそのときまではそのことを「知らない」。すなわち、私は「一分後までは、それを私が知らない」ことを知っているのである。

こうして、自分の不利益、不注意、怠惰、錯誤、無知などを含めて未来を「知っている」とき、その相貌はわれわれが熟知している未来ではなくなるであろう。そのとき、ベルクソンが指摘するように、私は、未来において起こる筋書きをあらかじめ渡され、その筋書き通りに動く俳優のように行為することになるであろう。

これまでのごく普通の人間的行為を前提したうえで、「未来を知っている」という条件を付け加えるという論法に無理があると反論することもできよう。それなら、「未来を知っている」という仮定とともに、私の行為は、不利益、不注意、怠惰、錯誤、無知がまったくない完全に合理的な（あるいは道徳的に善い）行為に変じるとしてみよう。私は、未来において合理的な（あるいは道徳的に善い）行為のみを実現するのである。しかし、そのときでも、やはり私は合理的な行為のみを演じている俳優のように行為するであろう。私は選択する余地がなく、『実践理性批判』の中でカントが皮肉を込めて言っている「精神的自動機械」や「回転肉炙《にくあぶ》り器」のように行為するのであって、自由ではないのである。

こうして、自由を否定しない限り、〈いま〉未来の私の行為を知ることは論理的に不合理であり、ほとんど矛盾になる。とすれば、自由を否定しない限り、未来に関して二つの選択肢しか残らないであろう。一つの選択肢は、〈いま〉次の未来は「ある」が、私はまったく知らないというものであり、もう一つの選択肢は、〈いま〉次の未来は「ない」という選択肢である。この場合、前者が後者以上の何かを主張しているのでないことは明らかであろう。

神の決定と無知

ダメットは「過去を変える」(『真理という迷宮』所収)という有名な論文において、補足的ではあるが、この問題を考察している。有名な「ライオン狩り」の話の前に、ちょっとだけ難破船の例が出てくる。船が遭難して生存者がいることはわかっているが、具体的に誰だかわからないという場合に、身内、恋人、友人など遭難者に近しい者は遭難者の無事を祈るが、このとき彼らは何を期待しているのか？すでに死者は決まっているのだから、それをあらためて祈りによって「変える」ことを期待しているわけではないであろう。遭難する前の時点に戻って、祈りによって、遭難するはずの息子を遭難しないようにさせることを期待しているわけではないであろう。

ダメットは、もし、事実そのことを期待しているなら、それは神（と呼んでも、何と呼んでもいいが）の決定を覆そうとする冒瀆だと言う。そして、もしこれが冒瀆なら、後に神の意志により遭難することが決まっている船が出港するさいに、航海の無事を祈るのも、神の決定を覆そうとする冒瀆だということになる。（ダメットは仄《ほの》めかし程度にしか論じていないが）祈りを正当化し、神を冒瀆しない唯一の解決はある。遭難した者の一人をKとしよう。Kはもともと神が救う予定の者なのだが、残された家族は、遭難を知り、必死に無事を祈り、後にKが無事であったことを知る。家族は、自分たちの祈りが神に通じ、その結果、息子は無事であったと

（人間的レベルで）解釈することができる。祈りにもかかわらず、息子が助からなかった場合は、家族は、それが人間の及びもつかない神の計画なのだ、と（人間的レベルで）解釈して諦めることができる。こうして、神の計画と祈りは、両立するのである。この「解決」の裏に隠されているのは、決定論を認めたうえで、それに対するわれわれの態度が合理的であるためには、やはりその具体的内容をわれわれが「知らない」という条件が必要だということである。

こうして、われわれ人間にとって、未来が「ある」としても、それが「いかにあるか」は原理的に無知でなければならないことになる。しかし、ここに仮想的な全知全能者であるラプラスのデーモンを登場させれば、すべての未来の出来事は細部にわたるまで予測できるはずである。こうして、未来は「じつは」決定されているかもしれないという疑念が消えることはない。しかし、たとえラプラスのデーモンを登場させても、われわれはふたたび、未来は「ある」がわれわれは原理的にそれを知りえない、という構図を描いているだけであり、それは、未来が「まったくない」という主張と変わりないのである。

行為の時といえども、私がそのつどの関心によって区切った〈いま〉が、その限界まで（その「向こう」の未来に接するまで）持続するわけではない。それを保証するものは何もなく、行為の最中においても任意の瞬間に世界はまるごと消えてしまうかもしれない。行為をもち出しても、自由をもち出しても、道徳をもち出しても、これらは微塵も世界の持続を保証しないのだ。

超越論的仮象

新たな未来が到来するかどうかは、いつも完全に隠されている。「これまで」未来は到達してきたが、いつも次の未来は、到達しないかもしれない。また、たとえ次の未来が到達するとしても、すなわち世界にまったく新たな何ごとかが湧き出すとしても、その湧き出しが「どこから」きたのかもわからない。未来はわれわれ人間がそれを認識することはまったくできず、常に「あたかもあるかのような」あり方をしているだけであって、未来が「ある」とはわれわれ人間の必然的かつ普遍的な思い込みにすぎない。

こうして、あらゆる角度から、時間の存在性格としての未来が「ない」ことは明白である。しかし、それを知りながら、常に同時にわれわれ人間はあたかも未来があるかのように思い込みたいのである。ということは、未来とは本来の意味において「超越論的仮象（transzendentaler Schein）」と言うべきではないだろうか？超越論的仮象なら、理性的存在者は見破ることができるはずである。では、それを見破ったとき、われわれはどのような世界に生きるのだろうか？　それは、全身で未来が「ない」ことを自覚している世界である。私が足をすっと伸ばすと、なぜか大地が私の足を受け止めてくれる。私が振り返ると、なぜかいつもの自分の仕事部屋の光景が広がっている。それだけである。しかし、何の前触れもなく次の瞬間に世界が消えるかもしれないことも、常に覚悟している。それは何の前触れもなく次の瞬間に私が消える（死ぬ）かもしれないことを覚悟していること以上ではない。

第五章　「私」の死

超越論的統覚と「現存在の感じ」

本書のテーマは「時間と死」であるが、おそまきながら、最終章に至って、「『私』の死」を取り上げる。一般に、世界の終焉と私の死とは「同じこと」ではないとみなされている、いや、さらに、私が死んでも世界は存続するとみなされている。その場合の、世界とは客観的世界である。本書においてそれが現在・過去・未来を通じて実在する世界であるのなら、それはもともと意味構成体、大森の言葉を借りれば、「言語的制作物」にすぎないことを見てきた。この意味構成体を文字通りの実在とみなすとき、仮象が生ずるのである。

言語（概念）を超えて「ある」のは（「実在する」とは言えないが）、ただそのつどの〈いま〉でしかない。世界はそのつど湧き出しては消えゆく〈いま〉の連鎖でしかないのであり、一三八億年にわたって自己同一性を保っているかに見える客観的＝実在的世界は仮象なのである。こうした、世界において「私」が死ぬとはいかなることなのであろうか？

ここでも、「私」のあり方の基本的モデルをカントに求めることができる。カントは、デカルトのコギト（私は考える）から出発するが、もし「私が現存在する（スム）」ことが「コギト」から明晰かつ判明に導かれるとすれば、「私」は実体となってしまう。よって、カントにとって「コギト」はすでに「私は現存在しつつ考える」ことを意味するのであって、「私」はその現存在をはじめから確保しているのでなければならない。そして、超越論的統覚とは、こうした「コギト、スム」から「コギト」だけを取り出したもの、その意味で現実性を可能性（蓋然性）という様相に移行させたものである。

「私は考える」という命題は、ここでは蓋然的にしか解されていない。すなわち、この命題がある現存在の知覚を含む限りにおいてではなく（デカルトの「コギト、スム」はそうであるが）、むしろこの命題の単なる可能性から解されているのである。[26]

しかし、超越論的統覚は単なる抽象的な「私」なのではない。「私」という言語を学んだ有機体（人間）は（その任意の一つをS_1とすれば）、固有の身体K_1に付着した「ある現存在の感じ」[27]を保持したまま、まずもって普遍的な「私」という言葉を学ぶのであって、それによって、「私」が固有のS_1を指示しないことを知る。S_1が「私」になるのは、言語を学ぶ前に単に自己中心化した有機体であったS_1が、まず脱自己中心化して普遍的な「私」を学び、そのうえで、さらに二次的に自己中心化して固有の「S_1＝私」を知ることによってである。前者が超越論的統覚にあたり、後者が経験的統覚にあたる。ここで重要なことは、経験的統覚としての「S_1＝私」は、みずからをあくまでも超越論的統覚の否定性として理解するしかないということである。よって、たしかに言語習得の過程においては超越論的統覚を経ずに経験的統覚に達することができないという意味において、超越論的統覚はS_1という固有の経験的統覚を「可能にする」のであるが、S_1が「現存在する」ことは、超越論的統覚によって与えられるわけではない。それは、超越論的統覚が開示する現象の「うち」にはその根拠を見出すことができず、Xからの触発という仕方で、現象の開示以前に与えられていなければならないのだ。現象においては、超越論的統覚はあらゆる現象を可能にするという意味で、あらゆる現象に「先立って」いるのだが、じつのところそれ以前に（「私」を含む）現象の現存在をXからの触発によって獲得している。よって、超越論的統覚は「根源的統覚」であるが、文字通り根源的なのではなく、Xからの触発による「現存在の感じ」に基づいて根源的なのである。

このことを、ふたたび言語習得という観点から見直すと、超越論的統覚の作用以前にはたらくとされる「Xからの触発」は、有機体（人間）が言語を習得することに呼応する。言語を学び、「私」という言葉を適切に使用することを学んだ有機体（人間）の一つであるS_1は、「私」という言葉の普遍性を学ぶことによって、はじめて自分固有の現存在を確認する。すなわちS_1は、習得した「私」という言葉がS_1の固有の現存在を表現できないことを知ることによって、その固有の現存在を「感じる」ことができるのだ。このような仕方で「私」という言葉と固有の現存在とのギャップを知っている者が人間的「私」であり、カントの言葉を使えば感性的・理性的存在者としての「私」なのである。

よって、先に見たデカルトの「コギト、スム」からその超越論的統覚への移行は、すでに言語を学んだS_1が、言語の習得過程を逆にたどって「理論的に」把握する過程にすぎないのであって、S_1はこの過程によりみずから超越論的統覚「である」ことを自覚する場合、このことによって固有の「現存在の感じ」を消去してしまうのではない。もしそうなら、S_1は超越論的統覚とは何か、まったく理解できないであろう。S_1は、言語を習得することによってはじめて、「それ以前の」有機体としての固有の現存在に気づくのであるが、「私」という言語を学ぶことによって、超越論的統覚のほうが固有の現存在を含む経験的統覚（S_1）より根源的であるという文法をも学ぶのである。

以上のことは、言語を学んだ有機体を複数にしても同じである。すでに言語を学んだ有機体であるS_1、S_2、S_3……はそれぞれ固有の「現存在の感じ」を有しながら、カントの統覚の記述を「内側から」理解することができる。S_1は特有の「現存在の感じ」F_1を消去して、客観的世界を統一する統覚の機能のみを理解できる。しかし、その場合、S_1はF_1を文字通り消去しているわけではない。S_1はただ、それを論理的に（概念のうえで）消去しているだけである。他の「現存在の感じ」を有しているS_2、S_3……についても同じことである。こうして、S_1は自分のF_1を否定し、S_2は自分のF_2を否定して超越論的統覚という「同じ形式」に達したのであって、その場合、結果だけをとるとS_1の統覚とS_2の統覚とは区別できないが、S_1ならびにS_2は自他の区別ができる。なぜなら、それぞれ特有の「現存在の感じ」を消去した過程、すなわち自分自身がなしたことを覚えているからである。よって、S_1もS_2も形式のみであり、内容を欠くのであるから、S_1とS_2との交代はありえない。しかも、こうした形式は、合理的心理学者が考えたような、身体を離れてもそれ自体として永遠に存在する魂（物自体）ではない。なぜなら、単なる形式が内容を離れてそれ自体として存在することはないからである。

物自体と英知体

しかし、カントは次のようにも言う。

> そこで、私は私の現存在を一つの自己活動的存在者の現存在として規定することはできず、むしろ私は私の思考すなわち規定する作用の自発性を表象するだけであり、私の現存在は常にただ感性的なものであるにとどまる。(中略)だが、私が私を英知体(Intelligenz)と名づけるようにするのは、まさにこの自発性なのである。[28]

この文章は、次のようにまとめられる。

(1) 超越論的統覚は、それぞれの人間的身体の「中」に住まわなければ作用することができない。

(2) 超越論的統覚は、いかなる固有の人間的身体にも依存しない。

超越論的統覚は、この(1)と(2)との微妙な関係のうちにあり、(1)が経験論の方向に延びており、(2)が物自体の方向(不滅の魂)の方向に延びているのだが、カントは両方を拒否している。すなわち、超越論的統覚は心理学的自我ではなく、といって、身体から独立の「魂」ではない。このうち、とくに後者の関係を正確にとらえることが重要である。超越論的統覚は、身体的な何ものにも依存しないが、といって、それ自体として存在できない。なぜか? ネガティヴには、先に見たように、それは形式にすぎず内容をもたないからであるが、ポジティヴには、それは「思考の自発性」を有しているからである。すなわち、われわれは思考の自発性を「感性的なもの(有機体)」の中に見出すことはできないが、だからといってそれは物自体ではない。

以上のことも有機体の言語習得過程によって解明できる。ある有機体S_1が言語を学ぶと、「思考の自発性」を獲得するが、この獲得したものが有機体に依存しないということも学ぶのである。「思考の自発性」の起源は経験であるが、それにもかかわらず、それは「経験によらない」という意味をまとう。これが、カントの「ところで、たとえあらゆるわれわれの認識が経験とともに（mit）始まるにせよ、だからと言って、それらが必ずしも経験から（aus）始まるというわけではない[29]」という文章の真意である。

超越論的観念論は超越論的統覚「から」出発して現象を開くが、現象の「うち」を正確に「語る」ことはできても、原理的に超越論的統覚以前のXを「語る」ことはできない。むしろ、S_1が超越論的統覚としてこの不可能性を了解していることが、とりもなおさずS_1が言語を習得したことなのである。だが、S_1はXからの触発を「感じる」ことはできる。この微妙な構造こそ、S_1が（「私」の現存在を含む）世界（現象）の現存在を「与えられたもの」として知っていることなのであり、超越論的観念論が自己完結しえず、Xからの触発に基づいていることなのである。

永井均の「カント原理」について

永井均は、最近の著作において、超越論的観念論とりわけ超越論的統覚の基本図式を「カント原理」と称して、みずからの「〈私〉論」と重ね合わせている。その場合、永井は『純粋理性批判』第二版の「演繹論」における「『統覚の分析的な統一性は何らかの総合的な統一性を前提してのみ可能である』（『純粋理性批判』B133）[30]」（永井の翻訳に従う）から開始するが、この文章を、永井は次のように改釈（?）するのだ。

> 「むきだしの〈私〉」が「分析的な統一性」に、「繋がりの仕組みによる『私』」が総合的統一性」に対応することは明らかだろう。すなわち、総合的とは「繋がりの仕組みによる」という意味であり、分析的とは「むき出しの」という意味であることになる。（中略）「総合」とは、客観的に妥当な「実在」を作り出すことであり、最初から与えられている（したがってじつはまだ正当にそうは呼ばれえな

い）〈私〉を、一人の人間として持続する（したがって正当にそう呼ばれうる）「私」へと作り上げる作業である。(31)

永井が「普通の」カント解釈に挑戦するかたちでこの文章を解釈するのは、確かなものをつかんでいるからであろう。すなわち、「普通の」カント解釈によれば、Ich = Ichという単なる分析的（論理的）統一性（同一性）からは、Ich = Ich独特の統一性（同一性）は導けず、そのために、いったん統覚は超越論的統覚として、みずからを世界に向けて超越し、世界を総合的に統一する仕方を通じて、はじめてその固有の統一性（同一性）が確保できる、というものである。しかし、永井の疑問は、それでも、統覚の固有の現存在が「はじめから」確保されているのでなければ、けっしてそれを世界の統一の仕方（総合的統一性）から確保することはできない、ということである。

永井の洞察は正しく、先に試みたように、ここからカントのテキストをさらに深く読み込むこともできよう。しかし、この洞察から、永井は、分析的統一性のうちに私の現存在の「原石」、すなわち永井の言葉を使えば、「むき出しの〈私〉」を認めるという方向に進んでしまい、カントと袂をわかつ。

超越論的統覚とは、むきだしの第一基準から出発して、第二基準をその内側から作り出して自己自身にもあてはめて自己を実在化し、さらに第一基準自体をもその（第二基準の）内部に収めて実在化するはたらきのことである。[32]

こうした考え（カント解釈）は、永井の以前の著作にも登場してくる。

カントは、我思うゆえに我ありという原理だけから客観的世界の存在が証明できると言った。（中略）客観的世界とそれを成立させる心のはたらきとの、この表裏一体性の認識は、カント哲学の比類なき洞察である。[33]

永井はカントの超越論的統覚の本質的な側面を正確にとらえているが、それと並ぶ他の重要な側面をとらえ損なっている（とらえようとしない？）。それは、カントの超越論的観念論が、けっして自己完結的なシステムではないということである。一般に（とくに現象学者たちによって）誤解されているが、カントにとって「超越論的統覚」はレベルの低い統覚なのであり、それは理性的存在者一般における統覚ではなく、ただ感性的・理性的存在者の統覚に限定される。カントが強調するのは、超越論的統覚の現存在は、（レベルが低いゆえに）感覚の多様、さらにはXからの触発という「他のもの」によって与えられなければならない、ということである。

これは、先に触れた「現存在の感じ」に呼応する。といって、統覚のはたらき以前に「現存在の感じ」があって、それに統覚が「適合する」わけでもない。むしろ、統覚は作用を開始するとき、その現存在がすでに「他から」与えられていることに気づくのである。さらにここには二段階があり、統覚は世界を総合的に統一するときに自分自身の「内官」を触発して、（自己触発）固有の現実的な体験系列を構成する。しかし、もちろん統覚はこの固有の現実的な体験系列を「無から創造」したのではない。統覚は、こうした世界構成・自己構成という作用を遂行することを通じて、Xからの触発によって「はじめから与えられていた現存在」をあらためて再獲得するのだ。

したがって、「我思うゆえに我ありという原理だけから、客観的世界の存在が証明できる」わけではなく、このことが「カント哲学の比類なき洞察」なのではない。むしろ、カントの言いたいことは、「我思うゆえに我ありという原理だけから客観的世界の存在が証明できる」のではなく、このすべてがXからの触発という「磁場」の中で遂行される、ということである。言いかえれば、もし、「むき出しの第一基準から出発して、第二基準をその内側から作り出して自己自身にもあてはめ」ることが超越論的統覚において遂行されうるのなら、超越論的統覚は「物自体（神的悟性）」に近いものになってしまうのであろう。カントは明言している。

というのは、私がみずから直観する或る悟性を考えようとするならば、（それは、与えられた対象を表象するのではなく、その表象を通じて対象自体が同時に与えられ、あるいは産み出される神的悟性のようなものであろうが、）カテゴリーはこうした認識に関してはいかなる意義ももたないであろう。[34]

実際、永井は、さらに「（〈私〉は）『物自体』として、いきなり、むき出しで、ただ存在するのである」[35]と語って、この「むき出しの第一基準」における〈私〉を「物自体」に重ね合わせている。だが、「いきなり、むき出しで、ただ存在する」のは、経験を可能にする「形式」としてとらえられた限りにおける超越論的統覚であり、この形式としての統覚は、現象でもなく物自体でもない、第三のものなのである。

したがって、私が統覚の総合的・根源的統一において、私自身を意識するのは、私が私に現象する通りにではなく、私がそれ自体としてある通りにでもなく、ただ私がある（nur dass ich bin）ということを意識する。[36]

超越論的統覚と物自体とのあいだには大きな溝が開かれていて、それがカントの超越論的観念論が後のフィヒテやアディケスなどの超越論的観念論と異なるゆえんである。カントに即した物自体の基本的意味は、古典的実体概念と同様、その概念からその現存在が分析的に導出できる存在者だということであるが、このことは、はじめから実体はそのうちに現存在を含意している、ということにほかならない。これに、理性的存在者一般のうち、人間は劣った感性的・理性的存在者である、という形而上学的構図が寄り添っている。両者を重ね合わせると、(神のような)非感性的・理性的存在者は「私」という概念だけによって、みずからの現存在を直接に確保できる物自体であるが、感性的・理性的存在者である人間は超越論的統覚であるにすぎず、そうした能力をもっていないことになる。

よって、カントの場合、神の現存在の証明を批判することと超越論的統覚の現存在を容認することとは、同じコインの裏表になっていて、物自体とは「その概念から現存在を導くことができるもの」、すなわち「その概念と現存在とが一挙に与えられているもの」という古典的実体概念が両者を支えている。そして、カントはこうした実体概念をいかなる場合も認めないのであり、不思議なことに、あらゆる現存在は「他から」与えられるしかないと考えている。こうして、神は現存在を確保できない概念だけの「理想（das Ideal）」となり、超越論的統覚は、Xからの触発の「磁場」の中で、現象を総合的に統一するという独特の仕方で、すでに確保していた固有の「現存在」を再獲得できるわけである。たしかに、Xを物自体と読みかえることもできるかもしれない。しかし、その場合、物自体とは「むきだしの〈私〉」ではなく、あくまでも「他者」なのだ。

よって、永井の解釈する超越論的統覚は、「X（他のもの）」からの触発から出発してではなく、「むき出しの〈私〉」から出発して自己完結するものであるから、まさにカントの批判する「神的悟性＝物自体」になってしまうであろう。永井の言う「カント原理」は、数々の洞察に満ちてはいるが、「カントの原理」ではない。

超越論的統覚と「私」の死

言語を習得した固有の身体K_1を有する有機体S_1は、脱中心化して超越論的統覚に至り、その視点から自己同一的・客観的実在世界を構成する。そして、その「うち」に言語習得以前のS_1を経験的統覚としてあらためて位置づけるが、それは一〇〇億光年以上の空間的広がりと一三八億年に及ぶ時間的広がりの「うち」にごくわずかな空間を移動し、たかだか一〇〇年の生命を与えられた有機体として意味づけること、すなわちそれを「死ぬもの」として意味づけることである。こうして、S_1は、言語を習得し、超越論的統覚を経ることによって、「死すべきもの」となるのだ。言いかえれば、言語の習得がS_1を「殺す」のである（これが『創世記』の描く知恵の木の実を食べたアダムの「原罪」にほかならない）。有機体は言語を学ぶことによって、みずから中心化的視点を脱中心化し、超越論的統覚として、みずからの「そと」に出て、みずからを眺めることができるようになるが、まさにこのような視点を獲得すること、客観的・科学的認識を獲得することが、とりもなおさずみずからを「殺す」のである。しかし、この世界像は、過去を普遍化したものにすぎず、刻々と新たなものが湧き出す〈いま〉を完全に無視することによって成り立っている。ここでふたたび〈いま〉に目を向けなければならない。

未来は「ない」ということ、その「到来」がいかなる根拠にも基づかないことを明らかにしたからこそ、次々に〈いま〉が湧き出すことは神秘であり、驚きである。そして、まさに新たな〈いま〉の湧き出しが神秘であるからこそ、これまでの論理を反転させることもできる。それは、われわれが〈いま〉未来を「まだない」というあり方において直接生け捕りにしている、というものである。すなわち、未来とは、それが到来しないときには何ものでもなく、それが到来するときにはそれ自体でなくなってしまうような、きわめて独特のあり方として「ある」のだ。

すぐ、これに対する反論は考えつく。たとえ未来を、「それが到来しないときには何ものでもなく、それが到来するときにはそれ自体でなくなってしまうような、きわめて独特のあり方」として規定するにせよ、こうした未来が今後も同じかたちで到来するという、まさに本書で疑問符を付していることが前提されているのではないか？　すなわち、この表現自体があくまでも「これまでの未来」にのみ有効なのであって、次の未来には妥当しないのではないか？　次の新たな未来は、「それが到来するときにはそれ自体でなくなってしまうような」あり方さえしないかもしれない。それはまったく「到来しない」かもしれないのではないか？

しかし、以上の反論のすべての土台をなしているのは、過去における「あった」というあり方を基準として、〈いま〉を跳び越して）その延長として未来をとらえようとしていることではないのか？　このすべてを逆転して、はじめから「まだない」未来を基準にして、その独特の「ある」をとらえる道も排除できないのではないか？　ヘーゲルはこの道を切り開こうとした。

まだ何もない（Es ist noch Nichts.）、そして何かが生ずべきである。始元は純粋な無ではなく、何かがそこから発生するべき無である。(37)

この論法においては、「まだ何もない」を、すなわち「何かが生ずべき」と読みかえることがポイントである。それは、ただの「無」ではなく、「何かがそこから発生するはずの無」なのだ。すなわち、ヘーゲルは、刻々と新たな〈いま〉が湧き出すことに本来的な「ある」という意味を付与することを提案しているのである。その提案はむげに否定できない。

先に、過去を基準とした時間理解は、「〈いま〉を跳び越して」成立していると言ったが、まさにその点が問題なのである。〈いま〉とは過去を基準とした時間において「異物」であり、そのあり方は神秘となる。この時間理解において、未来が異物でも神秘でもないのは、未来は過去を延ばしただけのもの、すなわちその内実は過去だからである。よって、その時間がいかに整合的であろうとも、〈いま〉を排除し、刻々と湧き出している事実を排除して成り立っている限り、むしろ〈いま〉どこかから刻々と到来する湧き出しを中心とする存在論・時間論は有効であろう。そして、まさにこの〈いま〉こそ、アリストテレスの本来的〈いま〉からベルクソンの「純粋持続」に至るまで、時間には組み込まれえない、時間とはまったく異なる何ものかであるとの直観が受け継がれてきたのである。

「不在」から「無」へ

キルケゴールはこの〈いま〉に注目し、さらに「まだない」というあり方そのものを〈いま〉のうちに読み込む。それは「瞬間」である。

瞬間はもともと時間のアトムではなしに永遠のアトムなのである。それは時間における永遠の最初の反映であり、謂わば時間を立ちとどまらせようとする永遠の最初の試みである。(38)

キルケゴールの「瞬間」は、アリストテレスの本来的〈いま〉の線上にあるように思われる。それは「時間的なもの」をとらえる能力と対立し、むしろ時間において「瞬間」をとらえる能力なのである。アリストテレスにおいては、本来的〈いま〉は幅のない限界であり、非本来的〈いま〉こそが単位としての時間へと変身したものであった。だが、キルケゴールにおいては、時間は本来絶えず流れ去るものであって、それをとどまらせるものこそ、「瞬間」である。「瞬間」は過去を基準とした実在世界に反逆するまったく新たなる湧き出しであって、まさに神秘なのであるが、それをキルケゴールは「永遠の最初の反映」と呼びかえるのである。

「私」が死ぬとは、刻々と新たな〈いま〉が湧き出す世界において、ある特定の

〈いま〉死ぬことであるとしても、それは一三八億年続き、一〇〇億光年以上の広がりのある世界、すなわち現象＝仮象としての実在世界から消滅することではない。「私」は（その超越論的統覚もその内的経験も）、こうした客観世界からもともと排除されているという意味で不在なのであり、その世界を承認することをもって、その世界において「私」はすでに消滅しているからである。

よって、「私」が死ぬとは、絶えず湧き出す〈いま〉から消滅することであろう。しかし、それに「私」はいかなる意味を与えるべきか、言葉を見出すことができない。たしかに、未来はなく、それぞれの〈いま〉私は世界の瀬戸際に立っているのであるから、「無の最初の反映」のうちにいる。私が死ぬ「瞬間」もそうであろう。キルケゴールの言うように、それがすなわち「永遠の最初の反映」であるか否かは、ひとまずおいておこう。しかし、「私」の死とは、「有」から「無」への転換なのではなく、「不在」から「無」への転換であることは確実である。とすれば、それは、はじめからあらゆる意味で「不在」である「私」がほとんど失うもののない転換なのである。

註

第一章

（1）入不二基義『時間と絶対と相対と――運命論から何を読み取るべきか』勁草書房、二〇〇七年、三六頁。

第二章

（2）E・フッサール『内的時間意識の現象学』立松弘孝訳、みすず書房、一九六七年、二五頁。
（3）同書、二八頁。
（4）D・ヒューム『人間本性論第一巻　知性について』木曾好能訳、法政大学出版局、一九九五年、一〇六頁。
（5）同書、一〇七頁。
（6）I. Kant, Kritik der reinen Vernunft, Bd. 37a, B154.
（7）大森荘蔵『新視覚新論』東京大学出版会、一九八二年、二三一頁。
（8）大森荘蔵『物と心』東京大学出版会、一九七六年、三〇〇頁。

(9) 大森荘蔵『時は流れず』青土社、一九九六年、五一—五二頁。
(10) Kant, op. cit., A366.
(11) ibid., A277, B333.
(12) E・フッサール『イデーン——純粋現象学と現象学的哲学のための諸構想』1-2、渡辺二郎訳、みすず書房、一九八四年、一一一頁。
(13) 同書、三三五頁。

第三章

(14)『新視覚新論』前掲書、一二七頁。
(15) H・ベルクソン『物質と記憶』合田正人・松本力訳、ちくま学芸文庫、二〇〇七年、二一五頁。
(16) アリストテレス『自然学』出隆・岩崎充胤訳、全集第三巻、岩波書店、一九九三年、二三一頁。
(17) 同書、一七〇—一七一頁。
(18) 同書、一六四—一六五頁。
(19) H・ベルクソン『意識に直接与えられたものについての試論』合田正人・平井靖史訳、ちくま学芸文庫、二〇〇二年、一〇一頁。
(20) 同書、一〇一頁。

(21) アウグスチヌス『告白』今泉三良・村治能就訳、世界の大思想五、河出書房新社、一九七二年、三一四頁。
(22) 同書、三〇七頁。
(23) 『内的時間意識の現象学』前掲書、八九頁。
(24) G・ブラント『世界・自我・時間――フッサール未公開草稿による研究』新田義弘・小池稔訳、国文社、一九七六年、一六一頁。
(25) 同書、一九三頁。

第五章

(26) Kant, op. cit., A347, B405.
(27) I. Kant, Prolegomena zu einer jeden kunftigen Metaphysik, die als Wissenschaft wird auftreten konnen, Bd. 40, S. 96.
(28) Kant, Kritik der reinen Vernunft, B158.
(29) ibid., B77f.
(30) 永井均『存在と時間　哲学探究1』文藝春秋、二〇一六年、九七頁。
(31) 同書、九七―九八頁。
(32) 同書、九九頁。
(33) 『私・今・そして神――開闢の哲学』講談社現代新書、二〇〇四年、一一五頁。

(34) Kant, Kritik der reinen Vernunft, B145.
(35)『存在と時間　哲学探究1』前掲書、七三頁。
(36) Kant, Kritik der reinen Vernunft, B158.
(37) G. W. F. Hegel, Wissenschaft der Logik, Bd. 56, S. 58.
(38) S・キェルケゴール『不安の概念』斉藤信治訳、岩波文庫、一九五一年、一五一頁。

あとがき

「死」を解決しようとして哲学にのめり込んだのに、迂闊にもその正体をはっきり見きわめられないまま七〇歳を迎えてしまった、いや、ようやく見えてきたのだが、まだ錯覚かもしれないという不安は残る。本書は、今年〔二〇一六年〕二月に刊行した『不在の哲学』（ちくま学芸文庫）の続篇とも言うべきものであり、〈いま〉しかないのではないか、それ以外に、未来が、とりわけ過去があるかのような気がするのは、大掛かりなトリックなのではないか、すなわち、一三八億年・一〇〇億光年以上に及ぶ「客観的世界」は丸ごと仮象なのではないか……、ここ二〇年ほど考えてきたこうした想念を言語化したものである。もしそうなら、私が死ぬことの過酷さはずいぶん軽減されるであろう。私は広大な宇宙「から」消滅するのではなくなるであろう。私はただそのつどの〈いま〉から消えるだけなのであり、それは日々刻々生じていることにすぎないのだ。

ぷねうま舎の中川和夫さんとは、ウィーンから戻ったばかりのとき、私のドクター論文の刊行（『カントの時間論』として講談社学術文庫に所収）に向けて奔走していただいて以来、じつに三〇年以上にわたるつき合いである。「未来も過去もない！」という私の神経症的叫びをいつも「大まじめに」聞いてくださり、氏が手塩にかけて育てられた出版社から刊行する一冊の書を（上出来とはほど遠いが）やっと書き上げることができ、積年ののどのつかえが取れた思いである。このすべても〈いま〉やまったく「ない」のであるが……。

二〇一六年七月九日　古希を迎えた朝　　　　著者識

文庫版へのあとがき

本書は、八年前にぷねうま舎から刊行された同じタイトルの単行本の文庫化です。

大学に入学してすぐに、何もかもわからなくなり、なかでも「少し前に生まれ、すぐに死ぬこの私とは何か?」という問いに押し潰されました。この問いは、「答え」があるかどうかもわからないような問いですが、この問いに全身が浸され、ついには法学部に進むのをあきらめ、哲学をしようと大森荘蔵先生を慕って「科哲」(教養学部教養学科科学史科学哲学)に進みました。いまから反省してみますと、いかにも幼稚で無謀に見えて、このときの自分の直観は意外に正しく、科哲に入ってあらためて自分が、「自我・意識・時間」といった(近代)哲学の主要問題にまともにぶつかっていることを知りました。その後の私の進路は紆余曲折の極みでしたが（これまでいろいろ書いてきましたのでここでは省きます）、その十三年後に私はウィーン大学に留学し、四年半後に「カントの時間構成の理論」と題する論文を提出してドクターの学位を得ました。このころ、ようやく私の研究テーマは「時間と自我」に絞られていき、その後このテーマで数冊の本を書き、その乏しい集大成が本書『時間と死』であるというわけです。

時間については、①t_1、t_2、t_3……という時間順序と②現在、過去、未来という時間様相という二つの特性があって、これら二つは重なることはありません。カントは、このうち①の時間順序すなわち物理学的時間のみに着目して「超越論的感性論」を展開しています。この時間論においては、各時刻は（可能な）現在であり、（可能な）過去であり、（可能な）未来であって、しかもこのことは各時刻のうちには表示されていない。それは「そと」から各時点にもち込まれるものなのです。だが、現在、過去、未来がもともとそれに含まれていない時間は，はたして時間と言えるのか。これは時間に関する大問題の一つでしょう。といって、フッサールのように、現在、過去、未来をはじめから時間に含ませる時間論は、新たな難問に直面する。この場合、それぞれの時刻は、（可能的に）現在であり、過去であり、未来であることになりますが、現在、過去、未来はそれぞれ両立することはない、というマクタガートが追究した論点です。しかし、私の見るところ、現在、過去、未来は肯定的性質なのではなく、現在は肯定的に「ある」と言っていいけれど、過去は「もうない」のであり、未来は「まだない」のであって、ともに「なさ」が基本であるあり方なのです。このことに気づいて、私は現在の代わりに〈いま〉という表示を用いることにしました。では、唯一の肯定的な時間様相であるそのつどの〈いま〉は一体どこから来るのか、という大きな問いがここに生じてきますが、その答えもまたわからない。また、過去と未来についても、過去の「もうない」という「なさ」と未来の「まだない」という「なさ」のあいだには、大いなる差異があることに気づく。過去は、「もうない」けれど、その記憶も証拠もある。しかし、未来にはこうしたものが一切ないのですから。この線上をさらに考え続けると、普通私たちが現実世界とか自然とか宇宙と呼ぶものは、この一瞬を除いて、「もうない」過去だけであること、すなわちまるごと「もうない」という存在でしかないことがわかってくる。これは、「じつは何もないのだ！」という背筋が寒くなるほどの発見でした。本書で私が到達したのはおよそここまでです。

さて、話は急に変わりますが、昨年三月の末に私は脳出血で倒れました。そのまま救急病院に運ばれたのですが、その半月後にリハビリ専門の病院に移り、七月末に退院、その後、自宅でリハビリ生活を続けています。そして、昨年九月からオンライン講義も再開して、本書も取り上げました。しかし、本書をいま読み返してみると、倒れる前とはその印象がまるで違っているのです。

とくに、最後の「第五章　『私』の死」は、観念的な思索にすぎないように思われます。今回の災難と七七歳という高齢により「死」が一挙に身近なものとなり、幸いなことに（？）この世のことはすべて色褪せてしまいました。人生のいかなる楽しみも虚しく思われ、国内国外を問わず、どこにも行きたくなく、誰にも会いたくない。こんな心持ちでいながら、深夜ひっそりと、臨済、道元、鈴木大拙、久松真一、アウグスチヌス、マイスター・エックハルト、カール・バルト、マザー・テレサ、神谷美恵子、あるいはカトリックの家内から借りた神父たちの説教集などを読むことが唯一の楽しみとなりました。私が、もう少しすると人間として死ぬことは疑いようがありませんが、「死」の問題とは、それだけではない、「私」はそれだけの存在ではない、と確信をもって実感するようになったのです。永遠の生命を信じることができたわけでもなく、悟りに至ったわけでもないのですが、「私」は、単に人間として死んで終わりであるような存在でないことだけは確実であり、しかもそれ以上はわからない、というまことに乏しい自覚であって（この「私」は五十年以上研究してきたカントの超越論的統覚にどうにか重なります）、まさにこの中途半端な境地が、「時間と死」というテーマに関する目下の私のまことに乏しい到達点と言っていいでしょう。

筑摩書房の天野裕子様、本書をちくま学芸文庫に入れてもらうにあたって、ひとかたならぬお世話になりました。心より感謝いたします。

中島義道

二〇二四年二月四日　立春

本書は、二〇一六年一〇月二一日、ぷねうま舎より刊行された。

ちくま学芸文庫

時間《じかん》と死《し》　不在《ふざい》と無《む》のあいだで

二〇二四年六月十日　第一刷発行

著　者　中島義道（なかじま・よしみち）

発行者　喜入冬子

発行所　株式会社　筑摩書房
東京都台東区蔵前二―五―三　〒一一一―八七五五
電話番号　〇三―五六八七―二六〇一（代表）

装幀者　安野光雅

印刷所　株式会社精興社

製本所　株式会社積信堂

ISBN978-4-480-51245-1 C0110